疲れない
体
をつくる
疲れない
食事

一般社団法人日本健康食育協会代表理事
柏原ゆきよ

PHP

はじめに

食事も仕事も、大事なのは「原理原則」

「柏原先生のおっしゃったとおりに食べてみたら、仕事の成果が上がりました！」

ある企業で働くビジネスパーソンが話してくれた言葉です。

私はこれまでに、約200社で講演や食サポートを任され、20年以上あらゆる現場でこどもから高齢者まで4万人以上の食事改善や食生活アドバイスをしてきました。そのなかには、経営者やアスリートなど健康改善だけでなくパフォーマンス向上を求める方々も多く、結果を出すための食事にこだわってきました。

私が提唱する**「食べることをガマンせず、しっかり食べてしっかり出すことで、体を活性化させる」食事法**を実践した方からは、

「おなか周りが引き締まった」

「全身のむくみがとれて『やせたね』と言われるようになった」

「長年の便秘や下痢が解消してお通じが良くなった」

「風邪をひかなくなった」

「健康診断の結果が改善した」

と健康状態が良くなったという声が多く寄せられました。

一方で、20〜50代のビジネスパーソンから仕事のパフォーマンスに関するこうした報告もいただきます。

「一日中働いても、疲れを感じにくくなった」

「トラブルが起こっても、前向きに対処できるようになった」
「集中力が上がって、ケアレスミスもなくなった」
「イライラしなくなったら人間関係が変わり、仕事がスムーズに運ぶようになった」
「働くのが楽しくなった」

社員の健康は大事だけど、そこにはそれほど時間やお金はかけたくない。でも**「社員のパフォーマンスを上げて、業績を上げる」**ということには興味がある、というのが企業の本音ではないでしょうか。

「食の取り組み」は健康面の問題であり、個人の領域に留まらず、一人ひとりの社員の行動に大きく影響し、組織を変え、業績向上に貢献するということを、多くのビジネスパーソンをサポートしてきた経験から実感しています。

ある経営者から、「最近、元氣のない社員が多いんだよ。よく風邪をひく社員も増えているなぁ。食生活の乱れや、朝食を抜いているのが気になっていて、何とか力を貸してくれませんか？　彼らが元氣になれば、会社も明るくなるはずだ」とお声掛けいただいたことも。健康になることよりも、心と体を元氣にすることをめざして「元氣化」のサポートをしています。

実際、私の元氣化サポートを通じて、**社員の顔色が良くなり、職場全体に活気が出た会社は数えきれません**。体調が良く、気持ちも前向きな人が増えれば、自然と会話が増え、職場の人間関係は改善していきます。

イライラしたり、感情が不安定な人がいるだけで、物事がスムーズに運びにくくなりますよね。仕事のストレスの多くは人間関係によるものです。ストレスなく働ける環境は、結果として業績も伸びます。そして、居心地のいい環境は離職率が下がる傾向もあります。

では、どうして「食」を改善することで体型や健康の課題が解決されるだけでなく、一人ひとりが日々の仕事に向き合う姿勢まで変わるのでしょうか。

答えはシンプルです。

「食に対する意識と考え方」と、「物事の捉え方」や「人生に対する考え方」は重なる部分があると感じます。たとえば、食べることに制限が多い人は、人付き合いなどにも制限をかける傾向があります。

食はライフスタイルの一部であり、自分自身をつくるものです。食の意識や考え方が変わると、仕事やプライベートにおける意識や考え方にも変化が生まれるのです。

ビジネスの基本や考え方がしっかり身についた人は、どんな仕事でも、どんな環境でも、高いパフォーマンスを発揮しますよね。

逆に、小手先のビジネススキルばかりを重視していたり、考え方に軸がない人はそうはいきません。うまくいかないと、環境や人のせいにしたり、新しいテクニックを試そうとして、また失敗する……。これはそのまま、食事にも当てはまります。

「口にする食べ物に対して、自分にプラスのイメージをもつ」「食に対して感謝の心を忘れない」「シンプルな食事を続ける」など、私が紹介する食事法は、基礎の基礎。いわば**食の「原理原則」**です。

健康になるには、「食べ物」を変える前に、「意識と考え方」「食べ癖」を変えるほうが効果的で早く結果が出ます。「急がば回れ」の諺《ことわざ》どおり、手っ取り早いテクニックに走るより、原理原則をしっかり押さえることが大事なのです。

原理原則に立ち返り、日頃の「食」を見直すことは、ビジネスで効果的に結果を出す目的に照らせば、「仕事の一部」と考えられるかもしれません。健康になることは、「仕事の成功」と「人生の幸せ」の両方を手に入れる要素となるのです。

結果の出ていない健康管理の実態

「社員の健康管理は、健康診断をしているから大丈夫」と考えている経営者もいますが、ほんとうに安心していいでしょうか。

「健康診断でメタボと言われたけど、まだ大丈夫」という問題意識の薄い人も多いですね。

2008年から、企業での社員の健康指導が本格化しました（特定健診・特定保健指導）。健康診断後に、おなかだけポッコリ出た「メタボ体型」の人を呼び出し、管理栄養士などによる「食事指導」が多くの企業で行なわれるようになりました。

ところが、残念なほど結果が出ていません。取り組みが始まって10年経ちますが、**メタボ人口はまったく減っていない**のです。食事を制限して一時的に改善したように見えても、すぐにリバウンドしてしまう人も多いですね。

こうした結果に陥《おちい》るのは、一般的な食事指導は、カロリーや特定の栄養素の視点だけだからです。

多くの場合、栄養士は健康診断の結果だけを見て、カロリーコントロールを中心とする「食事制限」をすすめます。これはいわば対症療法のようなもので、根本の解決は見込めません。現状での健康管理の取り組みは、残念なほどに結果が出ていないということは、何か対策をうつべきです。やり方を変える必要があるのです。

また、健康診断の結果が正常値だからといって、安心はできません。数値に異常がなくても、体力がなくて疲れやすかったり、便秘や体の冷え、頭痛がひどかったり、メンタルが不安定などといった症状は、体の不調を知らせるSOSです。パフォーマンスが上がらないだけでなく、将来の病気のリスクが高い状態です。

現時点では病気ではないけど、元氣でパワフルとはいえない「レベルダウンした人」が続出している事態は、組織の大きな損失です。

「禁止・制限・ガマン」は定年後に悪影響をもたらすことも

そもそも近年、「レベルダウンした人」が続出している背景には、「禁止・制限・ガマン」をすすめる情報の氾濫《はんらん》に問題の本質がある、と私は考えます。

現在は、**エビデンス（科学的根拠）全盛**の時代です。

最近は、**「粗食」「カロリー制限」「糖質制限」「野菜中心の食事」「1日1食」「断食」「ファスティング」など、食べることを禁止・制限・ガマンさせる食事法**が流行《はや》っています。次々と新しい情報を紹介する書籍やテレビ番組にふり回されるのは疲れませんか？

しかし、そうした情報を鵜呑《うの》みにして実践したことで、かえって健康を害してしまうというケースも多いのです。

エビデンスの裏づけを否定するわけではありませんが、栄養学的な観点、栄養素とか特定の成分についての研究結果が優先され、「どう食べるか」は後回しにされがちです。これはとても残念に思います。

「炭水化物は太るから、食べてはいけない」と主張する医者や学者も少なくないですが、実際、炭水化物を抜くことのリスクはあまり伝えられていません。

制限を過度に強《し》いる食事法は、仕事のパフォーマンスを著《いちじる》しく低下させるばかりでなく、定年後の健康に悪影響をもたらしかねません。一時的にやせられても、臓器に負荷を与え、うつ病や持病の悪化につながるリスクもあります。

定年退職して、これから第2の人生を楽しもうというときに、体を壊して、高い医療費がかかってしまっては、これまでいったい何のために働いてきたのかわかりません。

「食」はすべての人に関わるものにもかかわらず、いま世の中にある一般的な食の考え方は断片的な情報の寄せ集めにすぎません。もっと大局から、日々の食事を捉えることが必要です。

メタボ改善率80％！　驚異の食改善レッスン

日本のビジネスパーソンには、「禁止・制限・ガマン」といった、辛くて苦しい食生活で不要なストレスを感じることなく、仕事や生活を充実させてもらいたい。そうした願いから本書の執筆を決めました。

本書は、「○○を食べるべき」「○○を食べてはいけない」という「食べるもの」を教える食事術の本ではありません。

20～50代の現役世代のパフォーマンスを向上させ、高齢になっても元気に楽しむための「正しい」食との向き合い方と食べ方を考えるための本です。

実践法としては「実際に結果を出している人たちのスタイル」を参考にしたほうが合理的だ、と私は考えています。そこで、私が実際に食事をサポートしたビジネスパーソンの実績をもとに、**「制限しない食べ方」「ごはん中心食事術」「シンプルで疲れない食事」**などをお伝えします。

おなかがぽっこり出てきた40代、50代の方には、「メタボ予防」にもバッチリ役立ちます。

「風邪をひきやすい」「太りやすい」「疲れやすい」「眠れない」「シミ・しわ・くすみが目立つ」「イライラする」「やる気が出ない」「不安感が強い」など、ビジネスパーソンが抱える課題の多くは、この本で紹介する食事術で、クリアしてください。

実際に、私がサポートした企業のメタボ改善率は、じつに80％（およそ2万人）。**どんなズボラな方でも、決して無理をせず、当たり前のことを普通にやれば、8割以上の人がうまくいきます。**

そして、より結果を出すポイントが、**「ストレスオフ」**の考え方です。

海外から日本は「ストレス大国」と揶揄《やゆ》されるとおり、日本人のじつに4割が、「ストレス性疲労」と呼ばれる、心身のキャパシティを超えたストレス状態にあります（メディプラス研究所「ココロの体力測定2018」調査）。

あなたはイライラしていませんか？　ストレスに苛《さいな》まれると、仕事も人間関係もうまくいかなくなります。もちろん、食事にも悪影響を与えます。

本書の食事術を応用することで、ストレスとも上手に付き合うことができるようになります。

仕事のパフォーマンスや生産性の向上にはさまざまな要因が関係しているため、効果には個人差もあります。食事を変えてすぐには成果が出ないこともあるでしょう。

しかし、始めなければ変わるはずがなく、やらなければ意味がありません。

そこで本書では、**忙しい人も、面倒くさがりの人も、誰でも継続できて、たった30日間で結果につなげる「1日1レッスン」の形式**を取りました。

食事とストレスの関係を記したPRE LESSONに続いて、**「30日間の食事改善レッスン」**を6つのテーマに分けて説明します。

各レッスンで扱うテーマと狙いは次のとおりです。

PRE LESSON
「食事でストレスをつくらない思考法」を身に付ける
LESSON1（DAY1～6）
食の原理原則を知り、「マインドチェンジ（意識改革）」を図る
LESSON2（DAY7～11）
日本人に最も適した「ごはん中心食事術」を知る
LESSON3（DAY12～17）
「みそ汁を取り入れた食事」の実践と、食のルーティンを見直す
LESSON4（DAY18～22）
メタボ解消の秘訣と「100年生き抜ける体づくり」を実践する
LESSON5（DAY23～26）
「ビジネスで成功する人が実践する食習慣」を真似する
LESSON6（DAY27～30）
「ビジネス（経営）の基本は健康」であることを再認識する

基本的には、毎日1項目ずつ読んでいき、実践する。これだけでOKです。

もちろん、自分の課題に該当する箇所や、関心のある項目から読み進めても構いません。

頑張らないと実行できないことや、ガマンしなくてはならないことを続けると、それだけでストレスになります。それが**大事なのは、頑張らなくてもできる簡単なこと、そして無理なく続けられること**です。それが**「疲れない食事」です（私たちの協会では〝オフ食〟と呼んでいます）**。そのための「土台」を本書で築いていきましょう。


健康雑誌や食事術の本を何冊も読み漁《あさ》って、効果が実感できずに挫折した経験をおもちの方は多いと思います。そんな方こそ、「最後のチャンス」のつもりで、本書を参考にしてみてください。人生をより楽しくする秘訣は毎日の食生活にあります。

30日後にこの本を閉じたときには、まったく違う自分を目にするはずです。

柏原ゆきよ

疲れない体をつくる疲れない食事　目次

LESSON 1 制限する食事から、基本に立ち返る
「原理原則」食事術

LESSON 2 「ごはん中心」食事術

仕事の生産性が高まり、しかも太らない！

LESSON 3 簡単「みそ汁」食事術

お米の最強パートナー！

LESSON 5 できるビジネスリーダーが実践する「脳が喜ぶ」食習慣術

LESSON 6 職場で実践！ たちまち業績2倍の「プロジェクト」食事術

ブックデザイン　杉山健太郎

PRE LESSON

「心と体の疲労」「メタボ」を
一気に解消する

「ストレスオフ」食事術

PRE LESSON

GOAL IMAGE

毎日の食事でストレスから解放される！

食とストレスには大きな関係があります。
ポイントとなるのが「脳」。
PRE LESSONでは、ストレスと脳の関係と、
普段の食事が及ぼす影響についてお伝えします。
少し理論的で難しいかもしれませんが、
毎日の食事の重要性を知っていただくためにも、
最初に読んでください。

老後に健康面で後悔する人が急増中――課題①脳の老化

日本は長らく世界一の長寿国といわれ、私たちもそう信じてきました。

たしかに、**65歳以上の高齢者の人口比率は28・1%と、日本は断トツの世界一**です（総務省統計局、平成30年度推計）。国の試算では、**2060年には、約4割が高齢者**という時代が到来します。

では、日本人は健康に長生きしているかというと、首を傾《かし》げざるをえません。

あなたは**「健康寿命」**という言葉を聞いたことがありますか？

何歳まで生きられるかを示した「平均寿命」に対して、健康寿命は、健康を保ち自立した生活ができる年齢が何歳までかを意味します。

自立できなくなる理由としては、病気の療養、後遺症や認知症などで支援や介護が必要な状態になることが主な原因です。たとえば、70歳で寝たきりの状態になれば、その人の

図1　「平均寿命」と健康寿命の現状

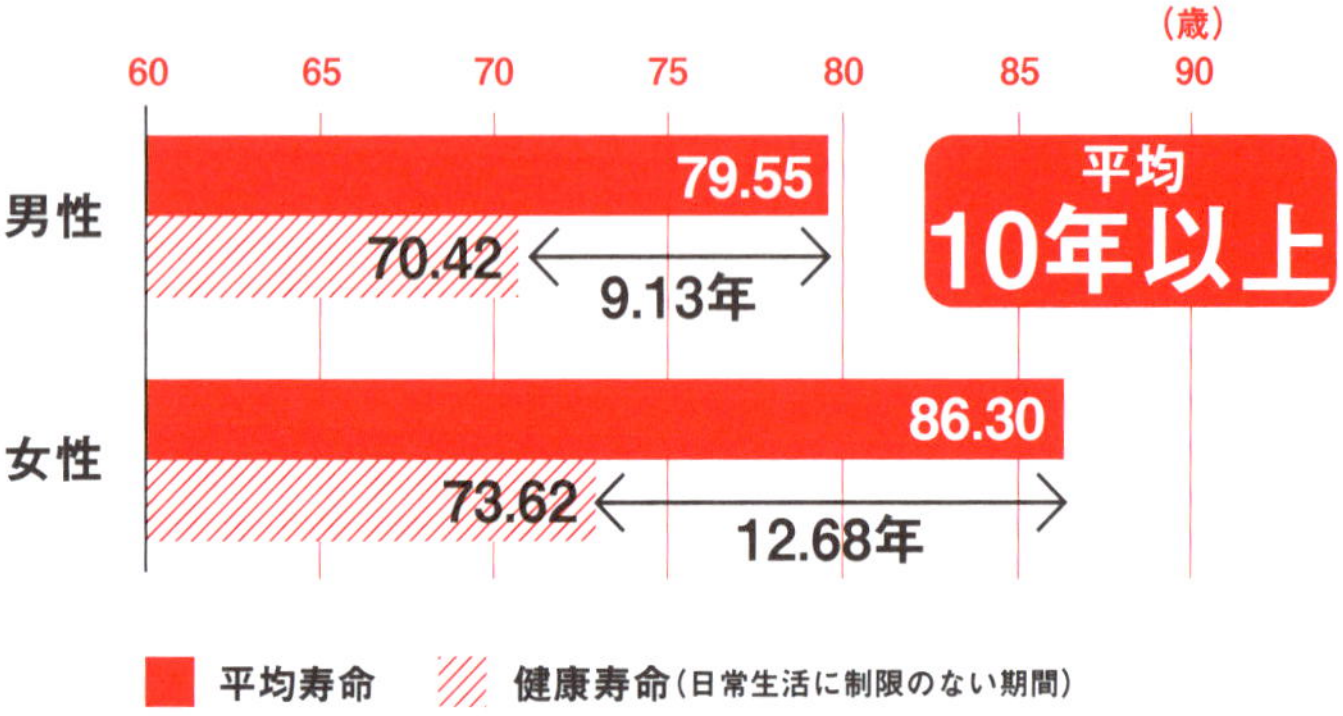

平均寿命(平成22年)は、厚生労働省「平成22年完全生命表」
健康寿命(平成22年)は、厚生労働科学研究費補助金「健康寿命における将来予測と生活習慣病対策の費用対効果に関する研究班」をもとに作成

健康寿命は70歳となります。

図1のグラフを見ると、平均寿命と健康寿命の差である「不健康期間」は、約10年もあります。少々乱暴な言い方をすれば、**定年後からの人生の約半分を「自立できない状態」で過ごす**ということです。

しかも平均寿命は延びていく一方で、健康寿命が延び悩んでいるため、自立できない不健康期間が長くなる傾向にあります。

女性のほうが寿命は長いですが、不健康期間も長いという現状をどう感じますか？

現役でどれだけバリバリと活躍したとしても、老後に健康面で問題を抱えると、自由が利かず、好きなこともできず、周りの人に負

担をかけることになるのです。亡くなる直前まで元氣に過ごしてポックリと亡くなる、いわゆる「ピンピンコロリ」というケースはほとんどありません。

これは日本が抱える深刻な課題といえます。

健康寿命が短くなっている理由は「脳の健康」

伸び悩む健康寿命には、「脳の健康」が大きく関わっています。

国民生活基礎調査（2013年）によると、寝たきり（要介護5）の主な原因として、トップ2に挙がるのが、脳卒中（約35％）と認知症（約24％）。

自立できなくなる方の約6割が、脳に関する問題が原因になっている、という驚くべき現状があります。

では、どうして脳に問題が生じるのでしょうか。

さまざまな要因がありますが、私が注目しているのは、**「血管の老化」と「脳のエネルギー不足」**の2つです。

じつは、どちらも食事が大きく関わっています。

脳は、人間の体内で最もエネルギー消費量が多い臓器です。重量は体重の約2％程度ですが、全エネルギー消費の20～24％をも消費していると言われています。そのエネルギー源は、主にブドウ糖（糖質）です。**食事として、どんな糖質をどのようにどんなタイミングで摂《と》っているか、が脳の健康を保つための重要なポイント**です。

脳のエネルギー不足が慢性的に起こっていると、脳機能の低下を引き起こし、長期的には**老化促進**につながります。日常的には、イライラ、感情の落ち込み、不安感、やる気の喪失、集中力や思考力の低下などが現れますが、深刻になると**「うつ」や認知症のリスクが上がる**ことが知られています。

健康寿命の延伸に必要なのは、体だけでなく、脳も含めて元氣であり続けること。脳のエネルギー不足を招きかねない、「粗食」「少食」「カロリー制限」「糖質制限」「野菜中心の食事」「1日1食」「断食」「ファスティング」などといった**何かを制限するような食事術は、短期的には良いと感じるかもしれませんが、長期的な観点からは注意が必要**です。

年齢を重ねるにつれてパフォーマンスは下がっていく――課題②疲労

本書を手に取っている読者には、若いころ、早朝から深夜にかけて、身を粉にして働いていたという方もいるでしょう。

ところが、そのペースのまま仕事を続けていると、40代、50代に突入したときに、思わぬ壁にぶつかります。それは、疲労の蓄積です。

40代前後を境にして、ビジネスパーソンのパフォーマンスは低下する傾向にあります。すでに自身の衰《おとろ》えを実感している方は、次のような症状が理由に挙げられます。

- 集中力が続かない、眠れない
- 疲れやすい、回復が遅い
- 太りやすくなった
- 気持ちが落ち込む、不安感がある

こうした症状を誘発する原因として大きいのが、「ストレス」です。

じつは、あなたが**日々感じているストレスは、「脳機能の低下」と大きく関わっています。**

ストレスを最初に認識するのは、脳の中枢にある**「視床下部」**と呼ばれる場所です。私たちはストレスを感じると、神経を通じて視床下部へと情報が伝わります。

視床下部には体温調節、ホルモンバランスの調節、怒りや不安などの情動行動のほかに、食欲、性欲、睡眠といった本能行動を司《つかさど》る、生きていく上での重要な役割があります。

強いストレスに晒《さら》されると、自律神経やホルモン（内分泌）のバランスが崩れ、体は異常を知らせるサインを出します。

食生活が乱れる、眠りが浅くなる、急に不安になる、イライラしやすくなるといった症状は、体が悲鳴を上げているサインなのです。

この状態が長期化すると当然、機能低下（老化）や病気につながります。

図2　自律神経と体内バランス

ストレスの長期化、または強いストレスによって、
体はストレスに対応しきれなくなり、
バランスを崩してしまう。

＝

不調や病気の始まり

自律神経のバランス

交感神経
脳や筋肉がアクティブに活動
血管収縮、血圧上昇、気道拡張
心拍数アップ、胃腸の働きを抑制

副交感神経
体を休める、食事を消化吸収する
血管拡張、血圧低下、気道収縮
心拍数ダウン、消化器系の働きが活発に

視床下部
働きをコントロール

ホルモンのバランス
（内分泌）

体の健康維持のため、
消化吸収、循環、呼吸、免疫、代謝など、
体の調整作用をもつ

朝〜日没　交感神経優位
夜〜睡眠時　副交感神経優位
日内リズムに反した生活はストレスとなる！

ストレスが体内バランスを乱す

強いストレスを認識することで、もう一つ心配されるのが、自律神経のバランスが崩れること。

自律神経には**「交感神経」**と**「副交感神経」**があります。皆さんも名前くらいは聞いたことがあるかもしれません。

交感神経は日中に優位で、アクティブなときに体全体の機能を上げる役割がある一方で、副交感神経は主に夜から睡眠時にかけて体を休めるリラックスモードのときに優位に働きます。両者は1日のなかで大きく変動して入れ替わり、周囲の変化に対して体の機能を調整しながら適応しています。

ところが、不規則な生活を送っていると、自律神経が乱れて、調整機能が発揮できず、うまく適応できないため、さらなるストレスを増大させます。自律神経が乱れている人はホルモンバランスも乱れ、体全体の代謝機能も低下するので、さまざまな不調を生じやすく、太りやすくもなります。

また、身体機能が低下すると、あらゆる病気のリスクも高くなります。

「だったら、自律神経のバランスを整えればいいのでは？」

そのとおりなのですが、現代人の生活は、不規則なライフスタイル、夜型生活、過度なストレス、スマホなどの電子機器の使用過多、食生活の乱れ、身体活動量の減少など、自律神経のバランスを崩す要素が多く、自力でコントロールするのは難しい環境です。とくに、交感神経が強く働く傾向にあり、**いかに副交感神経を優位にするかが改善のポイント**となります。

そこで、**副交感神経を意識的に働かせる方法**として3つご紹介します。

①**意識的な呼吸**（正しい姿勢で行なう深くゆっくりとしたリズムの呼吸）
②**リラックスする状態**（マッサージを受ける、音楽の心地よい空間にいる、アロマなど好きな香りを嗅《か》ぐ、瞑想する、など）

そして、毎日の行動で最も効果的なことは、

③食事

そしゃくによって視床下部に刺激が伝えられ、血管が拡張し、血圧低下、心拍数ダウンなど体が休まるモードになります。固形物が胃に入ると、胃腸に血液が集中して、効率よく消化吸収が行なわれます。

交感神経が強くなりがちな現代人は、1日のなかで定期的に副交感神経を刺激することで、リズムを作り出すと、身体機能が上がり、ストレスに対しても耐性が上がります。

1日3回の食事によって適応力の高い状態を作り出すことは、たんにストレスを避けるよりも、前向きで効果的な取り組みだと思います。

ストレス予防の救世主「セロトニン」とは

では、どのように食事をすれば効果的に副交感神経を高めることができるのでしょうか。

ポイントは、**「セロトニン」をどれだけ多く体内で作り出せるか**です。

セロトニンとは、自律神経のバランスを整え、ストレス症状を低減する脳内ホルモンのこと。**「幸せホルモン」**とも呼ばれており、まさに「ストレスを予防するお助けマン」です。**現代人に増えているうつ病や認知症は、このセロトニン不足が原因の一つ**と考えられています。

セロトニンは、**「トリプトファン」**という必須アミノ酸（たんぱく質）から体内で生成されます。**トリプトファンの多い食材としては、肉や魚、大豆、乳製品などのたんぱく源**となるものが有名です。

そのため、たんぱく源の少ない野菜中心の食事や、カロリー制限によって食事量を制限してしまうと、体内に取り込まれるトリプトファンも少なくなってしまいます。

意外と見落とされがちなのが、**お米（ごはん）を初めとする穀物にも、トリプトファンが含まれる**ということです。日本人は昔から、肉や魚よりもお米からトリプトファンを摂取していました。

また、「トリプトファン」から「セロトニン」を生成する際に炭水化物が必要だということは意外と知られていません。

さらに、ビタミンB_6やマグネシウムなど複数の栄養素のサポートを得て、セロトニンは作られます。これらは現代の食生活では摂りにくい栄養素です。

それを解決する方法として、**白米に雑穀を加えて雑穀ごはんにしたり、味噌などの発酵食品を加えると、必要な栄養素が一気にそろいます**。

しかも、セロトニンは、加齢やストレスで減少してしまいます。

ごはんが健康に悪いというイメージから、急速な「ごはん離れ」が進んでいます。これは、近年のうつ病や認知症の急増と無関係ではありません。

実際に、高齢でも元気な方はごはんをしっかりと食べていることが多い一方で、うつ病や認知症の方は食事が乱れている傾向があります。

あなたが40歳を超えているなら、糖質制限や低炭水化物の食事は、セロトニン不足から、脳機能低下を招くリスクを抱えることになるのです。

図3 セロトニンと栄養

■**トリプトファンは、肉や魚、大豆やナッツ、穀物に多く含まれる**
・極端な菜食、カロリー制限などで、不足しやすくなる

■**トリプトファンからセロトニンを生成するとき、炭水化物が必要**
・セロトニンは、加齢やストレスで減少する
・中年以降は、主食を控えた食事、糖質制限はよくない

さらに、セロトニンは体内で**「メラトニン」と呼ばれる「睡眠ホルモン」**に変換されます。**メラトニンには睡眠リズムを整えて、睡眠の質をよくする働き**があります。

メラトニンは抗酸化作用が高く**「若返りホルモン」**とも言われます。

メラトニンを増やすためには**「腸内環境」**がポイントです。腸内細菌のバランスが崩れ、悪玉菌が優勢になると、メラトニンを生成しにくくなります。

腸内細菌は一部のビタミン類も作り出していますので、セロトニンの生成を促進することにもつながります。

このようなことから「腸内環境」を改善す

ることは、自律神経を整えるうえで、重要なことなのです。

腸内環境を整えるために効果的なのは、食物繊維をしっかり摂ることです。食物繊維というと、野菜のイメージが強いと思いますが、腸内環境を変える力が強いのは、穀物由来の食物繊維です。**ごはんなどの穀物を主体とする食生活をすると、自律神経が安定し、睡眠の質が良くなる人が多い**のはこのような理由です。さらに、お米には食物繊維のような働きをする**「レジスタントスターチ」**が含まれるため、腸にはプラスです。

より効果を高めたいなら、**神経細胞を正常化させるレシチンやチロシンを含む大豆食品**を一緒に摂ること。

つまり、**ごはんをしっかり食べてみそ汁を飲み、肉や魚のおかずを食べる「和食」中心の食事が、ストレスを減らすにはぴったりの食事**なのです。

肥満も自律神経の乱れが原因——課題③メタボ

「メタボ」も自律神経による影響を大きく受けます。

メタボと聞くと、余計なものを食べ過ぎてポッコリおなかが出ている状態を想像しがちですが、原因は「食べ過ぎ」だけではありません。

「メタボリックシンドローム（通称メタボ）」を日本語にすると、「代謝異常症候群」というように、**「代謝機能の乱れ」がメタボの主な原因**になります。

そもそも代謝とは何でしょう？

私たちの体内のものはすべて食べたものだけでできています。食べ物を体内で別の形に作り替える作業を「代謝」といいます。

代謝がうまくいっていないと、体の機能に何らかの異常をきたし、太るだけでなく、内臓脂肪、高血糖、高血圧、血中脂質の異常、高尿酸値など数値にも異常が表れます。

健康診断などで数値に異常が出た場合、食事に気を付ける方は多いと思います。症状に合わせて「何かを制限する」というのが一般的な方法です。

・内臓脂肪が増えたら、カロリーを抑えたり、食事量を減らす

・血糖値が上がったら、糖質を抑える
・血圧が上がったら、塩分を控える
・脂質が上がったら、動物性食品や脂ものを減らす
・尿酸値が上がったら、プリン体の多いビールを控える

このような対症療法では、どんどん制限が増え、食事が大変になっていきます。**制限が多いとストレスも増えてしまいます**よね。その割に改善しないケースが多いのは少し残念な気がします。

制限だけでは根本原因であるメタボの解決策にはなりえません。お伝えしたように、メタボの原因は代謝機能の乱れなので、代謝機能を改善しなければ意味がないのです。

代謝機能が乱れる要因のなかで注目しているのがこの2点です。

①ストレスによる自律神経の乱れ
②代謝の悪くなる食べ方

代謝機能が急低下する40代以降の方が、いくら食事制限してもなかなか成果が出ず、むしろ太りやすくなるのは、この2つの要因を解決できていないからです。

本来やるべきことは、**自律神経を整え、代謝を上げる食習慣に変えること**。

そのためには、お米を食べることが効果的なのです。しかも、ただ食べるのではなく、ほかの食材との組み合わせ、食べる量、食べ方、食事のタイミングなど、効果的にするポイントがたくさんあります。

脳に効く！　3つの食アプローチ

以上のことから、老化、ストレス、メタボといった課題を克服し、これから先も元氣に活動し続けられるかどうかは、脳機能と自律神経の正常化にかかっているといえます。

カギとなるのが、これからお伝えする**3つの「食アプローチ」**です。

まず、脳機能を正常に維持する方法として、

1．ごはんメインの食事に改善

先述したように、脳はエネルギー消費量が多いため、安定的にエネルギーを送り込まなくてはなりません。その第1候補がごはんです。

続いて、自律神経の正常化を図る食アプローチが次の2つです。

2．シンプルな食生活

シンプルな食生活とは、一言でいえば、**日本人が長く実践してきた食習慣を踏襲《とうしゅう》すること**です。1日3食を基本にして食事を抜かない、「ごはんとみそ汁」を中心に「おかずは少なめ」のシンプルな定食を食べるといったことも含まれます。

何をいまさら、と思うかもしれませんが、こうした当たり前の食習慣が失われてしまったがために、ビジネスパーソンを苦しませるストレス体質を生んだともいえます。

3. 食に対するマインドチェンジ（意識改革）

そして最も重要なのが、3つ目に挙げた、**食に対する「意識改革」**です。

私はこれまで4万人以上の食をサポートしてきて、結果が出る人と出にくい人の違いは「意識と考え方」だと気付きました。

同じ行動でも、どのような意識や考え方で行動するかによって、その成果に差が出ます。

せっかくやるのなら効果を上げたいものですよね。**言葉や取り組みをポジティブなものに変えることも意識改革の一つ**です。これは脳科学の観点からも納得のいくところです。

最近の予防医学では、健康に良いことを毎日の生活に加えていく**「ヘルス・プロモーション」**の手法が注目されています。これはプラスの側面に着目したポジティブな発想です。

一方、旧来の手法は、「リスク・リダクション」といって、悪いところ（リスク）に着目して、それを減らしたり避けたり（リダクション）するという、ネガティブな発想です。

これまでの食事制限はこのネガティブな取り組みのため、ストレスが伴い結果が出にくかったのです。

このヘルス・プロモーションの考えを、毎日の食事に積極的に取り入れることで、自律神経のバランスを整え、ストレスを減らせます。こんな簡単なことで、元氣で楽しい毎日を手に入れることが可能なのです。

14万人の実態調査でわかったストレス軽減の食事

「こんなシンプルな方法で、ほんとうにストレスがなくなるのか」

疑念を抱かれる方には、食とストレスの関係性を示すデータをご紹介しましょう。

次の結果は、2018年3月にオフラボ（メディプラス研究所）が全国14万人（男女各7万人、20～69歳）を対象に実施した「ココロの体力測定2018」の考察です。

- 男女とも8割前後の人が「3食を食べる」習慣があり、ストレス性疲労が低い。一方、**「1日1食」の人は男性で5%、女性で3%強存在し、ストレス性疲労の割合が高かった。**
- 「3食ともごはん食」と回答した人は男性で27～29%、女性で22～23%。彼らはストレス性疲労の割合が若干低く、**「3食ともごはん食ではない」と回答した人のストレス性疲労が非常に高かった。**

●一方、「3食ともごはん食」に該当せず、**パンや麺類が習慣になっている人**は、男女ともに1割前後存在し、**ストレス性疲労が非常に高かった。**

●**ストレス性疲労がない人の「日本食」意識は高く、**女性のほうがその意識はより強い。**男女ともストレス性疲労のない人は、「おみそ汁を1日1回以上飲む」習慣**があった。

●**「特保商品」「糖質制限」など健康対策に対しての意識は、「ストレス性疲労」を抱えている人**のほうが高かった。

●**「朝食を食べない」人**は男女ともに2割近く存在し、**ストレス性疲労が高かった。**

●**朝食に麺類を食べる人や、夕食でパンや麺類を食べる人には、ストレス性疲労者の割合が高かった。**

いかがでしょうか。先ほどの「1．ごはんメインの食事に改善」「2．シンプルな食生活」を実証するようなデータです。

しかも、日本人を対象にした最新の測定結果なので、説得力もあります。ここに「3.食に対するマインドチェンジ（意識改革）」が加われば、万全です。脳機能と自律神経が正常に働く「ストレスオフ」の状態にぐっと近づきます。

前置きが長くなりましたが、**この1〜3の食アプローチを、ズボラな人でもムリなく段階的に実践できる食事術**に落とし込んだのが、次章からご紹介する**「30日間の食レッスン」**です。

毎日1レッスン、約1カ月間の食事改善を継続することで、次第に、自分自身の意識が変わっていくことに気付くはずです。

ストレスがすっと消えていくだけでなく、集中力が高まり、疲れにくくなるでしょう。「最近、おなか周りが気になるなぁ」と感じる人も、自然と引き締まっていくのを実感されると思います。体が欲する食べ物にも変化が出てくるはずです。**とくにお米を食べ始めて10日前後で、その変化に気付きやすくなります。**

繰り返すと、ビジネスパーソンのパフォーマンスを下げる「天敵」は強いストレスです。ストレスと上手に付き合うことができれば、疲れにくくなり、仕事のミスも減ります。仮に**不測の事態が起きても、冷静に対処できる**ようになります。

それが、普段の「食」によって可能になるなら、やらない手はありません！

ただし、この方法はごはんやみそ汁が好きな方向けです。日本人は多くの方が「ごはん好き」ですし、実行しやすく効果も出やすいのが特長です。

もし、ごはんが嫌いで食べたくないという方は、無理に食べるのはストレスになりますので、別の方法が良いと思います。

それでは、早速、レッスンを始めましょう。

LESSON 1

制限する食事から、
基本に立ち返る

「原理原則」食事術

DAY 1-6

GOAL IMAGE

ストレスを溜めない、疲れない食習慣を確立する

体が重くて食欲もない。何だかイライラする。
こうした体と心の不調を知らせるサインは、
毎日の食習慣が乱れている証拠。
「何を食べるべきか」という食選びの情報も、
じつは、あなたの負担になっているかもしれません。
まずは、正しい食事を習慣化することから
スタートしましょう。

DAY1

いまの自分は、これまで食べたものの結果

▼未来の自分はこれから食べるものでつくられる

［太らない　イライラしない　疲れない　やる気アップ　集中力アップ］

今日のイライラは、昨日食べたものが原因？

あなたの体は約60兆個（※諸説あり）もの細胞が集まってつくられています。筋肉や骨、肌、髪の毛などのパーツはもちろん、神経伝達物質、体内の酵素《こうそ》、ホルモンなどもすべて「あなたが食べたもの」が材料となりつくられています。

そう、**いまの自分は、これまで食べてきたものの結果**といえるのです。

まずは、客観的に自分自身の状態を確認してみてください。

体型や体調はどうですか？

感情や考え方も、みなさんが思っている以上に食べ物が影響しています。決して、遺伝や性格、加齢のせいだけではないのです。

もう一つ質問させてください。

あなたは、食事の意味や目的を考えたことがありますか？

もちろん、食事が健康に生き続けるための手段であることには違いありません。しかし私がみなさんにご提案している食事は、ちょっと意味合いが異なります。

人生を「楽しく、幸せ」にするために「食」と向き合うことです。

わかりやすくいえば、食材や栄養の良し悪し、メニューをどうするか、だけではなく、思考や周囲の人との関わり方も含めて食生活を考えるというもの。

具体例を挙げましょう。

昨日、あなたは食事をしました。それはどういったシーンで食べていたでしょうか。家でひとりぼっちなのか、誰かのお祝いの席なのか、それとも大事な人と一緒に食べたかもしれません。

気持ちはどうでしょう。イライラした気持ちだったでしょうか。それともウキウキしていたでしょうか？

じつは、食事とは、**「どういった気持ちで食べたか」**がとても重要になります。「いまの自分をもっと良くしたい」という方には、これまでの食との向き合い方を変えてみるのをおすすめします。**「疲れにくくなった」「やる気が出た」「イライラしなくなった」**などといった変化も見られます。

このような変化があるのは、同じ食事内容でも、**感情によって、消化のスピード、吸収率、代謝の状態が変わる**からです。

過去は変えることはできません。時間を巻き戻すことができない以上、いくら悔やんでも仕方がないのです。

しかし未来の自分は、違います。これから食べるもので変わっていくし、変えることができます。今日から、食べ物や飲み物を口にするときは、**「これが明日の自分の体になる」**と考えてみてください。

「減らす」「控える」より「増やす」「プラスする」を意識する

何を食べるのかは、これからどう生きるか、を考えることでもあるのです。それには具体的なビジョンが必要です。

そこで、これからレッスンを始めるにあたり、30日後の目標を設定しましょう。

疲れにくい体をつくり仕事で成果を出したい！

心身ともに元氣になって楽しく遊びたい！

おなか周りを引き締めて、パートナーを見つける！

どんな目標でもOKです。ただし、「体重を○○kg減らす」「血糖値を下げる」と体重や検査値を減らすことを目的にすると、数字ばかりに意識がいってしまうためストレスが溜まります。

数字は、体調や体質が変わった結果として、表れてくるものです。何かを制限すれば一時的に数字を減らすことは難しくありませんが、持続できずにリバウンドしてしまったり、ガマンを継続することでストレスが溜まってしまうと、長期的な健康にはつながらず本末転倒です。

改善して何をしたいのか？　どうなりたいのか？　など、体質改善したその先の目標を設定し、そのときの状態や感情をできるだけ具体的にイメージすることが成功の秘訣です。

それがテンションの上がるワクワクするイメージなら、よりよいですね。

脳科学の観点からもプラスのイメージ、楽しいイメージ、など脳が「心地よい」ポジティブな状態を意識すると実現しやすいといわれます。これは、食事のことに限らず、仕事や人生のことすべてに共通しますね。

日本人の傾向として、食べ物の何かを「減らす」「控える」など節制するほうに意識を向けがちですが、これは「ガマン」が伴い、脳は心地よくありません。

成功者の思考は、**行動を「増やす」「プラスする」**を意識します。

結果は、「行動すること」でしか生み出せないのです。良いことを増やせば、減らすべき何かは自然と減りますよね。

たとえば、おやつを食べ過ぎて太ってしまう場合、おやつを減らすことを目標にするのではなく、食べ方を見直すことに設定するのです。

おやつを食べ過ぎてしまうのは、食事が足りないことや食べ方に原因があります。食事をするという行動を増やすほうを意識すれば、おやつを我慢するというストレスがなくなります（増やす食事は、「どのタイミングで何をどのくらい、どのように食べるのか」まで具体的にするのが効果的です）。

自分が決めた目標を意識しながら、これからレッスンを進めていきましょう。

DAY1 食改善ミッション

「30日後になりたい自分」を設定する。
そして、その姿をワクワク想像しながら食事をする。

DAY2

1日3食が、疲れない体をつくり、メタボを防ぐ

▼「朝抜き」「夜抜き」はNO!

太らない

イライラしない

疲れない

やる気アップ

集中力アップ

「人生100年時代」は、1日3食が前提?

あなたは、「食べないほうがやせる」と思い込んでいませんか。

最近では、「現代人は消費する量が少ないから」「昔の人は1日2食だった」、と1日1食あるいは2食をすすめる風潮もあります。

たしかに1日2食の時代もありましたが、社会背景が違いますので単純に比較をするべきではありません。

庶民に1日3食が定着してきたのは、江戸時代中期といわれています。

文明の発達により、日没とともに眠る生活から、夜の活動が増えるなどの生活習慣の変化や、流通の発達で食糧事情が良くなったことなどいくつかの理由があります。

本格的に1日3食が奨励《しょうれい》され始めたのは昭和に入ってからです。栄養学の普及とともに研究が進み、**3食のほうが成長が早いこと、免疫力が上がって病気になりにくいこと、寿命が延びること**、などが証明されたことが背景にあります。1日3食が普及したことによって栄養状態が改善したことは、寿命が延びた一因です。

江戸時代の平均寿命は30〜40歳といわれており、日本人の平均寿命が50歳を超えたのは、戦後です。現代では、80歳を超え、**「人生100年時代」**とまでいわれています。圧倒的に人生の長さが違います！

実際に、**90歳を超えて元氣な高齢者の食生活は、3食しっかり食べている**というのが特徴的です。疫学調査においても、健康寿命を延ばすのは1日3食習慣であることがはっきりしているため、厚生労働省の指針となっています。

朝食べられないのは、胃腸機能の低下が原因

では、なぜ朝食抜きや1日1食が流行《はや》るのでしょう？

「おなかが空かなかったら食べなくていい」「食べ過ぎで胃腸が疲れているので休めたほうがいい」と無理に食べないほうが健康的だという考え方は根強く支持されています。

一つの背景として、**「朝におなかが空いていない」人が多い**からです。

その状態で食べると、ダルい、重い、眠いなど不調を感じ、食べないほうが楽なので、「食べないほうが健康にいい」という話になるのです。

食べると体がきついという状態は**「胃腸機能の低下」**が原因です。

胃腸機能が衰えてくると、食べることが負担になり、食べないほうが体が軽く調子がいいと感じます。

でも、楽なほうに流れて食べなくなると、ますます胃腸が衰えて食べられなくなっていきます。

きちんと毎食食べて、自律神経のバランスを整える

もう一つの観点として、食事をすることは自律神経に働きかける行為でもあります。**毎日3回定期的に食べることで、自律神経のリズムをつくります。**

交感神経が優位になりがちな現代人にとって、食事は副交感神経を高める基本活動です。食事によって、1日3回、自律神経のバランスを整える作業を行なうのです。

自律神経が乱れると、代謝機能やホルモンバランスも乱れるため、太りやすく、生活習慣病のリスクが高くなります。免疫力や環境適応力も低下するため、気温変化などに弱くなり風邪をひきやすい、疲れやすく何となく体調がすぐれないなどの不定愁訴《ふていしゅうそ》が増えます。

自律神経の乱れは、体にとって大きなストレスとなり、結果的に老化も早くなるのです。

1日3回の食事をすることと自律神経は関係が深いため、PRE LESSONで示したとおり、**1日3食食べている人はストレス性疲労が低い**です。

たんに栄養を摂るためではなく、体の機能を維持するためにも、1日3食を基本と考えましょう。

東京都健康長寿医療センター研究所では「老化予防をめざした食生活指針」を提唱しており、「食事は1日に3回バランスよくとり、食事は絶対に抜かない」を第1項目に挙げています。

生活習慣病に関係大！　セカンドミール効果とは

朝食を食べている人は、肥満や糖尿病になりにくく、高齢になっても元氣であることのメカニズムの一つとして注目すべきは、**「セカンドミール効果」**です。

セカンドミール効果は、1982年にカナダ・トロント大学のジェンキンス博士によって発表され、1日のうちで最初に摂った食事が、2回目の食事後の血糖値にも影響を及ぼすという理論です。

たとえば、血糖値の変動を見ると、朝ごはんを食べた直後は血糖値が上がりますが、昼食後はそれほど上がりません。ところが、朝食を抜いて昼にたっぷりごはんを食べると、血糖値が急上昇します。朝と昼に食事を抜いて、夜に「ドカ食い」をしてしまうとどうなるかはいうまでもないでしょう。

1日1食、好きなだけ食べていいという食事法は、体の機能に大きな負担をかけているかもしれません。

朝食を食べる習慣は、1日を通じて血糖値を安定させる効果があるのです。

血糖値が不安定だと、糖尿病のリスクが高まるだけでなく、体脂肪が増えやすい、脳機能へのダメージが大きい、動脈硬化が進行するなど、長期的には老化が進む体内環境をつくってしまいます。

食事は、1食単体で見てはいけません。その前の食事の流れから捉えるべきです。**直近の食事次第で、次の食事の影響度が変わってくる**と思ってください。とくにその影響が大きいのは朝食の存在なのです。

朝は少しでも長く寝ていたい、やることが多くて時間がない、朝から作るのは面倒、などやりたくない理由はいくらでも出てきます。たしかに、ちゃんと食べることは大変ですよね。食べない提案のほうが面倒なことをやらない正当な理由ができるので、受け入れられるのでしょう。

たまに朝ごはんが食べられない日があるくらいは気にする必要はありませんが、何よりも習慣化が大事です。

もし、朝はおなかが空いていない、食欲がない、と体が受け付けない状態の場合は、胃腸機能の改善が先決です。無理に食べると調子が悪くなりますので、段階的に体を適応させましょう。

深夜、寝る前でも食べるべき？

残業で深夜にクタクタの状態で帰宅するものの、「寝る前に食べるのは何だか体に悪そう」という罪悪感を抱いてしまい、何も食べずに眠りにつく。

こんなライフスタイルを続けている方は多いのではないでしょうか。

夜は、1日活動した脳の回復のための重要な時間であり、成長ホルモンが分泌されて、新しい細胞をつくる新陳代謝も活発になる時間です。そのタイミングで栄養が供給されていることが必要なので、空腹状態で眠りにつくなんてもったいない！

夜は太るから食べないほうがいいという考えが普及していますが、**寝る前こそエネルギー補給や栄養摂取が不可欠**なのです。

PRE LESSONで示したとおり、**脳機能を維持するための代表選手は炭水化物**です。体内のあらゆる機能をコントロールする役目を果たす脳は、あなたの寝ているあいだも活動し続けています。

1日のなかでエネルギー切れが起こりやすいのは、朝起きたとき。睡眠時、人間の体は休息状態にあるため、脳がエネルギーの大半を消費します。

夜を抜いた場合、朝食まで長時間何も口にしないケースも考えられます。エネルギーがカラカラになっていて、脳へのダメージがあり、とても危険です。

たとえ帰りが遅くなって寝るまでの時間が短くても、何も食べないより、食べてから寝

るほうがよっぽど体のためになります。

私も帰宅が遅くなっても、ちゃんとごはんを食べて寝るようにしています。それでも翌朝、胃がスッキリした状態で目覚められます。ちょっとした食べ方のコツがあるのです。具体的な方法はP153でご紹介します、

寝ているときこそ、脳機能を回復させる大切な時間ですので、食事はそれをより効果的にするために習慣づけましょう。

DAY2 食改善ミッション

朝起きた後はもちろん、夜寝る前でも、ごはんを欠かさず食べる。

DAY 3

「禁止・制限・ガマン」が仕事の可能性を狭めていないか？

▼食事にストレスを感じたら逆効果

太らない
イライラしない
疲れない
やる気アップ
集中力アップ

ハイパフォーマーに共通する食事に対する意識

「断食」「ファスティング」「1日1食」「朝食抜きダイエット」など、「食べない」ことを推奨するメディアの情報は私たちの身の回りに溢れています。

しかし、それはほんとうに幸せなことでしょうか。ガマンや制限ばかりして、何か無理をしていませんか？

あなたがこうした食習慣を続けているなら、**今日から、禁止・制限・ガマンを伴うスト**

レスのある食の思考はやめましょう。

これまで、さまざまなタイプのビジネスパーソンをサポートするなかで、つねに高い成果を出し続ける「ハイパフォーマー」と呼ばれる人たちに共通する、ある条件を見つけました。

それは、**あらゆる制約をクリアにして、自由な選択肢のなかから、最良の手段を選ぶ力**です。

彼らは、**これまで誰もやらなかったプロジェクトを一から立ち上げたり、部下からの提案も「面白そう、やってみよう！」と柔軟に新しいチャレンジをしています**。

それと同時に、原理原則を大切にしていて軸がぶれず物事への姿勢は一貫しています。

逆に**「これはダメ」「こうでなくてはいけない」といった固定観念や先入観が強すぎる人は、可能性を狭めてしまい、せっかくのビジネスチャンスを逃してしまいがち**です。また、つねに新しいものに飛びつくミーハーなタイプも軸がなくてぶれやすいため、信頼されていないように感じます。

こうした**仕事や物事に対する姿勢は、「食」に対する姿勢と共通している**ことが多いのです。

業績を上げている企業の経営者や成功者といわれる人たちには、食べることが好きで食欲旺盛、周りへの気遣いもあり、パワフルで楽しく食事をする方が多いです。

だからでしょうか、食事をご一緒する機会があると、傍にいる私までハッピーな気分になります。

一緒に食事をするとその人の思考や人となりを感じますよね？

好き嫌いや食べ方、お店の人への接し方は、その人を知る手段の一つです。感覚的に居心地が良かったり、共感性がある人とは、いわゆるウマが合いやすいですね。

一方、食に制限が多く、デメリットを見て食べ物の選択をしていたり、偏《かたよ》った極端な食事をしている人は、人付き合いに対しても制限をしていたり人の悪いところを見てストレスを感じていたりする傾向があります。ストイックな厳しい食事をしている人は、人に対してもストイックを求めがちです。

ストレスなく自由な選択をする発想をもつと、人生にも制限がなくなり、可能性が広がります。柔軟な発想、気遣い、バランス感覚、愛や感謝、食事のときの会話なども含め、食を通じて成功者から多くのことを気付かせていただくことが多いです。

「最近、調子が出ないなぁ」と思う方は、「禁止・制限・ガマン」の食事をしていないか思い返してみましょう。

「食べたら太る」がストレスになる

「禁止・制限・ガマン」をすることは健康に対してデメリットになることがあります。良かれと頑張っていることが逆効果になっているとしたら、残念ですよね。

フィンランドでの研究で、管理職の男性1222人を追跡した興味深い研究があります。

健康にとって好ましいとされる生活習慣へと行動を変えるように指導したグループと、何もしなかったグループを15年追跡した結果、行動を変えるように指導を受けた人たちのほうが死亡率が高くなっていました。

つまり、**本意ではないのに無理して生活習慣を変えようとしたことがストレスになり逆効果だ**ということです。

ほかにも多くの研究で、ストレスを感じる生活習慣の変更は、健康にはならないという結果が出ており、ストレスを感じることによる健康へのダメージについて示唆《しさ》されています。**生活習慣を変えるなら、ストレスをできるだけ減らすことを優先すべき**です。

ストレスは大きく**「精神的ストレス」**と**「身体的ストレス」**に分けられます。

食事に当てはめて考えてみましょう。

精神的ストレスとは、食べることに対する考え方が大きく影響します。たとえば「食べたら太る」と思っている。これ自体がストレスとなります。

食欲があって体が食べ物を欲するのは、本能であり当たり前のことです。むしろ、**食欲があるのは健康である証《あかし》**でもあります。

「体に悪いから食べてはいけない」「食べ過ぎだから、減らさないとダメ」など、食べる行為を否定したり、抑圧して、制限をかけたりする考え方は本能に反した行動で、体に大きなストレスを与えます。

一方、**身体的ストレス**とは、栄養のバランスや食べ方が悪いなど、物理的に食事そのものから受けるストレスのこと。栄養の偏りはストレスになるのです。

「食事抜きダイエット」や「断食」「○○制限」など、体重を落とすために、健康のために、**食べたい食事をガマンする食事法は、精神的ストレスも身体的ストレスも増大させてしまいます。**

「腹が減ったら飯を食う」

本当に食べたいものをガマンして、健康のためにと制約の多い食事をしている人が増えているのはとてももったいないことです。

ごはんが大好きで食べたいのに、健康のために糖質制限をするというのはその典型です。ストレスなく食べたいものを食べられることは幸せだと思いませんか?

図4　「禁止・制限・ガマン」はストレスを増大させる

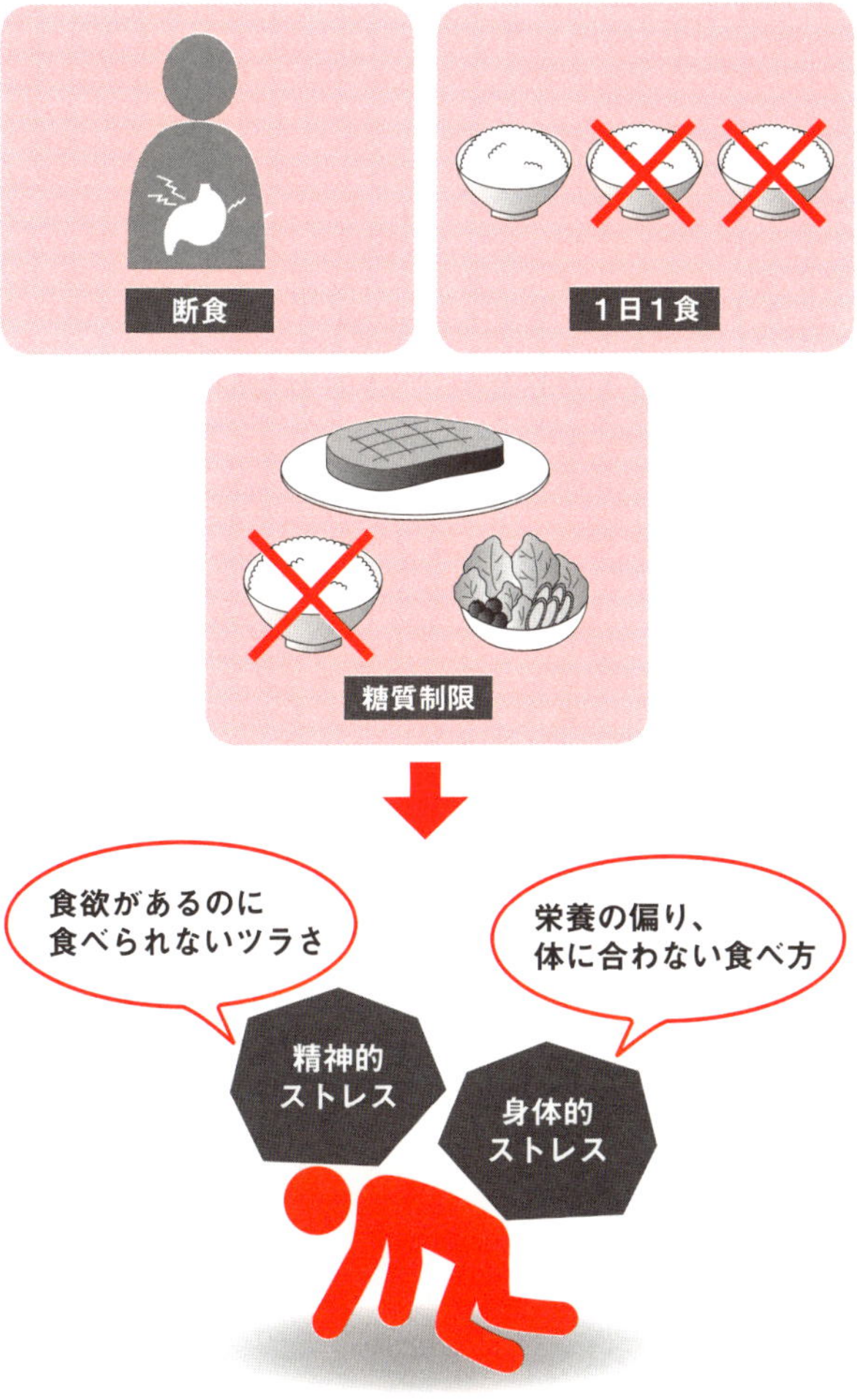

今日お伝えすることは、とてもシンプル。

ストレスを溜めないためにも、おなかが空いたときはガマンせずに食べる。

パナソニック（松下電器産業）を創業した松下幸之助さんの有名な言葉に、「雨が降ったら傘をさす」があります。

当たり前のことを当たり前にやっていれば、万が一のときの備えになるという意味です。

これを食事に置き換えたら、**「腹が減ったら飯を食う」**。

おなかが空いたら、迷わずごはんを食べればいいのです。そこにガマンはいりません。

素直に体の声に従いましょう。

今日は無性にトンカツが食べたいな、というときは胃腸が元氣で食欲があるということ。

そんな日はカロリーなどを気にせず食べたらいいんです。**食べたいものを食べると満足感が高い**ですよね。体が喜びます。

ストレスを溜めずに欲望に素直になることは、パフォーマンスを上げる。それが、万事の備えにもなります。

一つ注意点があります。このとき、体が欲するものが、揚げ物ばかり、甘いものばかり、麺類ばかり、などと偏っている場合、すでに体のバランスが崩れ、健康を害する可能性があります。

そこで、体の欲求を整える必要があります。LESSON2でお伝えする食事にして、体が安定してくると欲求が変わってきます。

食事量を減らすことは、老後の自分の健康に対して大きなリスクをつくることになります。人は歳とともに食べる量は自然と減っていきます。食べる量が減ると体力が低下し、食べられなくなったら最後、向かうところは死です。

若いときに食を細くしてしまうと、高齢になってから、食べる量を増やすことは難しく、後で後悔することになります。

いまやせることだけを考えるのではなく、長期視点での健康を考えるべきです。

その意味では、食べられるうちに、**食べたいものを食べるという行為は、将来元氣でいるためにも「正しい食べ方」**といえます。

食事は目先の目的だけで、流行りの食べ方に手を出すのは考え物です。**原理原則に従い、当たり前のことを大切にする。何より、体の声に耳を傾ける。**

目的が先行して、ストレスをかけ、食べることが苦しくなっても、もちろんノー。

「食べることは生きること」であり、食欲は大切な体の反応です。「食べたら太る」という不安を捨て、減らしたり制限することをやめましょう。

これを今日から心掛けてみてください。

DAY3 **食改善ミッション**

「食べたい！」と思ったら、ガマンしないで食べる。

DAY4

理想の食べ方は、100歳の健康長寿に学べ！

太らない
イライラしない
疲れない
やる気アップ
集中力アップ

▼エビデンスは疑ってかかる

ショウジョウバエやマウスの実験結果は人間に当てはまらない

最近、食や健康分野においては**エビデンス（科学的根拠）**を重視する風潮です。たしかに、研究データに基づいた話は説得力があります。とくに、医者や研究者の発言は影響力がありますよね。

しかし、「エビデンス」が示すことが必ずしも正しいとは限らないということを前提に、

参考情報の一つとして捉え、多角的に検証することが必要です。

以前、私自身臨床試験などを行なっていた経験からも、研究結果のどの部分に着目し、どう解釈するかによって、結論が変わってしまうことを実感しています。

実際に、**健康に良いとされていたことが、後の研究で否定されることはよくある**ことです。とくに、健康や食生活は影響する要素があまりにも多く複雑であるため、実証することは難しい分野です。

そもそも、エビデンスの元とされている研究の多くは、試験管レベルであったり、虫や小動物を対象にしたものであり、**人間において実証されたものではない**のです。

たとえば、「カロリーを制限したほうが長生きである」「飢餓状態が長寿遺伝子を活性化させる」と言われ、食事を制限するほうが良いとされます。

この根拠と言われる有名な研究があります。

「餌を40パーセント少なくして摂取カロリーを制限したマウスは、寿命も長く、がんになりにくい」（1920年代、ロックフェラー医学研究所の研究者ペイトン・ラウス〈ノーベル生理学・医学賞受賞者〉）

似たような研究は多く、ショウジョウバエや回虫、マウスなど小さな動物においては、同様の結果が出ています。では、これは根拠となるのでしょうか？

もう一つ有名な実証研究をご紹介します。

「米ウィスコンシン大学での20年以上の研究で、アカゲザルの食事量を30％制限したところ、サーチュイン遺伝子と呼ばれる長寿遺伝子を発見した」

これも、人間では検証されていません。

マウスも猿も、人間に比べてはるかに脳が小さい動物です。脳が大きい人間と同じステージで考えることはできません。

食事制限をしたところで、寿命が延びるどころか、脳がエネルギー不足を引き起こし、脳機能の衰えにつながってしまいます。脳機能の衰えが引き起こすリスクは、PRELESSONで述べたとおりです。

また、小動物と人間では、寿命そのものの長さも違います。そして、**ただ長生きすることではなく、「健康に長生きすること」が重要**であるということです。

老後に介護状態にならないために取り組むべきは「低栄養の防止」つまり「食事量を減らさない」ことがトップです（厚生労働省）。

日本人であることを忘れない

メディアで取り上げられて流行る健康法は、欧米からの情報が多いです。

日本人は海外からの情報に飛びつきがちで、とくにニューヨークで人気の健康法はオシャレに感じるようです。ファッション情報などはともかく、健康についてのことは少し慎重に考える必要があります。

日本人は欧米人とは遺伝的背景が違い、環境も違うことで、体質が異なるのです。**欧米人には有効な健康法が、日本人にも効果があるとは限りません。**

エビデンスは欧米人をもとに行なわれた研究が圧倒的に多く、それに基づいた理論が正しいとされがちです。地球規模で考えたら日本人は少数派ですので、日本人の体質を考慮した研究は情報量が少ないのは当然です。

エビデンスを見るときは、日本人での研究なのかどうかを考慮して見るべきですが、その発想を持っている人は少ないと思います。

お医者様の多くは、欧米人を対象に発達した西洋医療を学び、海外に留学して最先端といわれる情報を学びます。留学すると食生活も欧米化しがちで、その背景のもとに食事法も学んできます。

最近の健康本の多くに、**「エビデンスに基づく」「医者が教える」「アメリカの○○式」**という記述を見かけますが、取り入れるべきか考えてみてください。

私は、**日本人の遺伝的背景、体質、生活環境、ライフスタイルを前提に、研究し、実践できるような方法を選択するのが良い**と思います。

壮大なる人体実験の積み重ねの上で選択されてきた、ご先祖様から伝わる生活の知恵のなかには価値のあるものが多くあります。効果や安全性の面からも、長年の経験というのは大きいといえます。

テレビで紹介された健康法で、20年後元氣でいられるとは限らない

エビデンスが重要といっても、すべての人に当てはまるとは限りません。臨床試験で認可された薬品でさえも、適応する人の割合のほうが少なく、3割程度の有効性の薬も多いのです。効かないどころか人によっては副作用が出ることもあります。

食事も、適応するかどうかは人それぞれで、こうした**エビデンスは、短期間の研究に基づいたデータが多く、いわば「点の寄せ集め」**。

テレビで見た「すぐに結果が出る食事法」を実践したところで、長い目で見たときに、20年後、30年後も元氣でいられるとは限らないのです。

栄養素についても同様です。栄養学における栄養摂取量の目安は、統計的に平均値を出しているイメージです。たとえば、カロリーについて。実際のカロリー消費量は個人差が

図5 「エビデンス」に惑わされないためのチェックポイント

- ☑試験管レベルや、動物ではなく人間を対象に行なった研究か？
- ☑外国人ではなく日本人を対象に行なった研究か？
- ☑短期間ではなく長期間かけて行なった研究か？

とても大きいものです。

別のものに置き換えてみるとわかりやすいと思います。仮に「日本人女性の平均身長は160㎝」とした場合、160㎝以上の大きな人もいれば、160㎝に満たない小柄な人もいます。160㎝用の洋服だけでは、合わない人がたくさん出てくるということです。

テレビや雑誌の情報に触れる際は、図5に挙げたチェックポイントを念頭に置きましょう。

「意外な習慣」が健康長寿の秘訣

では、私たちは何を信じて食事をすればい

いのでしょうか。

本書を読むビジネスパーソンは、**エビデンスで裏づけはとりつつ、実践するうえでは、実際に結果を出している日本人の食スタイルを参考にするべき**でしょう。

そこで、これから何十年という長い人生を生き抜くための一つのモデルとして考えられるのが、**100歳を超えてもなお元氣に暮らしている健康長寿**の方たちです。

こうしたご長寿の方を目にすると、世の中で「良い」と言われていることはあまり実践していなくて、世間一般でいう**「意外な習慣」が健康長寿の秘訣**だったりすることが実感させられます。

健康長寿の食生活としてメディアでよく取り上げられるのが、「肉をよく食べている」という情報です。実際に、肉好きの方は多いのですが、毎日肉ばかりという方はいません。**週に何度か、または時々、ごちそうとしてステーキを食べに行くのが習慣**、など毎日のメインではありません。

普段のお食事では、圧倒的に**ごはんをしっかり食べている**というのが共通点です。それも、かなりの量を食べています。毎日お肉中心では、消化の負担が大きく胃がもたれて食欲が出なくなります、**ごはんをしっかり食べていることで胃腸機能が保たれ、食欲も旺盛なため、肉をしっかり食べることができる**のです。

ほかに特徴としては、好き嫌いなく何でもよく食べるという点。**意外と、お酒や甘いもの、お菓子などの嗜好品が多い**方もいらっしゃいます。

「健康生活」とは無関係に見えても、長寿の方にとって食事は、1日のなかで生きる喜びを感じることのできる大切なシーンの一部なのです。

もちろん、食事制限をしていたり、健康食品を摂っている人も滅多にみかけません。流行りの食事法には興味を持たず、長年続けてきたことをブレずに継続しています。

やはり3食しっかり、ごはんを中心に良く噛んでゆっくり食べるという当たり前の基本的なことが、大事なのだと感じます。

健康も仕事も原理は一緒で、つい即効性のあるノウハウやスキルに走りがちですが、大事なのは、**考え方の「軸」、つまり信念をもつこと**です。

ビジネスの世界でも信念がない人は信用されません。しかし、**信念がブレない人には、**

仕事や人、お金が舞い込んできます。情報に流されず、意思を強くもって食事をしている人も、同じではないでしょうか。

食に対する考え方を自分のなかで確立しないと、食の情報に振り回され続けてしまいます。できるだけ、「禁止・制限・ガマン」の食情報を遮断して、その分の時間とエネルギーを、仕事に使ってみてはいかがでしょうか。

DAY4 **食改善ミッション**

「○○を食べてはいけない」という食情報をシャットアウトして、原理原則に基づいたシンプルなことをブレずに続ける。

DAY 5

楽しい気持ちで食べれば、体が喜ぶ

▼「意識の力」を最大限に利用する

[太らない／イライラしない／疲れない／やる気アップ／集中力アップ]

おいしく食べると心と体が変わる

決して暴飲暴食をすすめているわけではありませんが、本来、本能に従って食べていれば暴飲暴食にはならないはずです。**体は必要なものが満たされていると、それ以上に欲しがらなくなる**からです。

ところが、最近ではそれが難しい環境になってきています。

満たされない状態をつくる要素はいくつかあります。

栄養のバランスが悪い、食べ方が悪いなどの「食の問題」、消化吸収や代謝などの「体の機能の問題」、そして、最大の問題は**「ストレス」**です。

健康のため、ダイエットのため、美容のためと食に関する情報が溢れ、食材や栄養素の良し悪しが聞こえてくると、基本的な考え方や原理原則を忘れて、目先の情報に因われやすくなります。すると、体の声が聞けなくなって体の本来の機能を発揮できなくなり、バランスが崩れてしまいます。

最近は、過度な糖質制限などストイックな食事を好む傾向にありますが、気付かないうちにストレスを溜め込んでいるかもしれません。

何かを制限する食事には、「楽しさ」とは真逆の「抑圧」が伴います。

抑制すると、どこかで反動が出てドカ食いをしやすくなります。無性に甘いものが欲しくなったり、お酒を飲み過ぎてしまったり、ちょっとだけのつもりが止まらなくなってしまうなどの経験は、誰しもあるはずです。

近年、糖質は悪者にされがちですが、エネルギー代謝のしやすい栄養素で、体を効率よく運営してくれます。糖質が足りない場合、体はほかの手段で運営されますので生きてはいけますが、必要な栄養が入ってこないことは体にとってストレスです。

糖質のなかでも**お米は、たんぱく質やビタミン、ミネラル、食物繊維などの栄養をトータルで提供してくれるため、しっかり食べることで必要なものが満たされて安定しやすくなります。**

そして何と言っても、日本人は「ごはん好き」が圧倒的に多いです。長年、食べ続けてきたごはんは、日本人のアイデンティティに組み込まれているのではないかと感じるほどです。セミナーなどで「ごはんをしっかり食べてください」と伝えると、ほとんどの方が「え？　ごはんを食べていいの？　うれしい！」と笑顔になります。

大切なのは、食べたいものを安心して、食べること。安心で満たされると幸せを感じます。それが心と体に、いい影響を与えます。

「ごはんは糖質だけど、食べていいのだろうか」と疑心暗鬼になりながら口にすると、良いものでもその価値が半減してしまい、とてももったいないです。

食事において、最も大切なことは、楽しく、おいしく食べて幸せを感じることだと考えています。**栄養が満たされ、心が満たされると、驚くほど気持ちが楽になり、心と体が変わるのです。**

笑いながら食べれば、ストレスが減ってダイエットにも効果◎

好きなものを食べられない、という状態はストレスをもたらします。

私がおすすめするのは、血糖値や体重ばかりを気にして「糖質オフ」をするよりも、長期的な視点で**「ストレスオフ」**を重視した食事の考え方です。

そこでぜひ取り入れてほしいのが、**「主観的健康感」**という考え方です。

健康の質的な側面に関する情報を簡単に把握できる指標として、星旦二《ほしたんじ》先生（首都大学東京名誉教授）を中心に国内で調査が進められてきました。

「病《やまい》は気から」という諺《ことわざ》があるように、「自分は健康である」と自信を持つ方は、「健康で

DAY 5

図6　自分で健康と認識している人は長生き

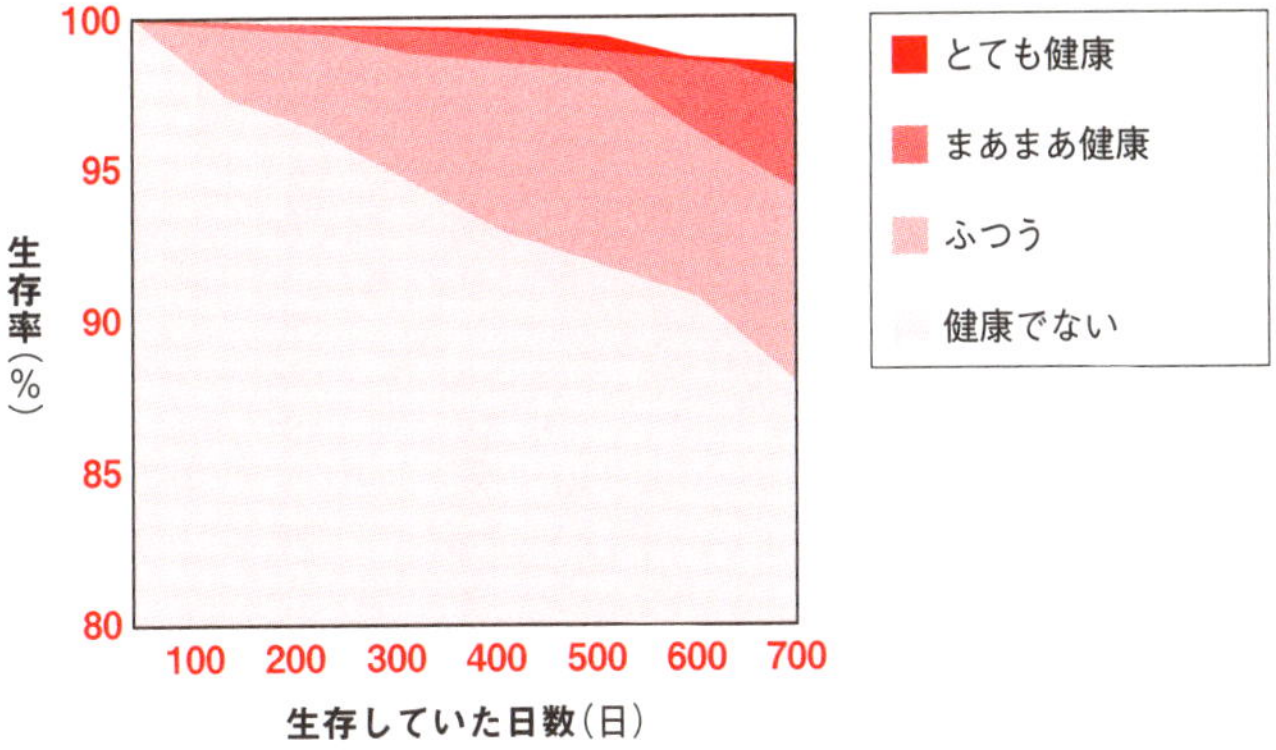

厚生労働省地域総合研究費に基づく、全国16市町村22,167人２年間追跡研究(星 旦二ら)をもとに作成

ない」と考える方に比べ、長生きすることが示されています。(図6)

つまり、**思考の持ち方で体の反応が変わってくる**のです。これは脳科学の分野でも実証されています。

同じ出来事をプラスに働かせるのか、マイナスの影響を大きくしてしまうのかは、自分次第です。

それならば、思考の力を最大限に利用して、良い成果を得られたらいいと思いませんか?

たとえば、目の前のケーキを思い浮かべてください。

「太るかなぁ」「砂糖は体に悪いな」と罪悪感を抱いていると、ストレスを感じてしまい健康にもマイナスです。「体にいい」と言われる食べ物でも、「おいしくない」「味が好きじゃない」と思って食べているものは体に悪いというわけです。

逆に、「おいしい！」「幸せだなぁ」と思って食べれば、同じケーキでも太りません。**おいしさを共有・共感する誰かと一緒に、笑顔で食べると、さらに効果大**です。

信じられないかもしれませんが、人間の体は意識や思考、言葉に大きな影響を受けているのです。**よく笑うと内臓の働きが高まり、やせやすくなります。**さらに大笑いすると、β《ベータ》エンドルフィンという快感ホルモンが分泌されて、逆に**ストレスホルモンが減退します。**NK《ナチュラルキラー》細胞が活性化し、免疫力も高まります。

つねに食を楽しんでいたり、好きな人と食事をする機会が多い人は、仕事でも高いパフォーマンスを上げていて、周囲からの人望が厚い方も多いです。

仕事でも、不安や不満を心に溜め込みながら仕事をしているとなかなか結果がでません。あなたの職場にも、いつもニコニコしながら仕事を楽しんでいて、意外なほどに好成績を上げている人がいませんか？

何を食べるかも大事ですが、それ以上に、楽しく食べる行為自体がモチベーションを高

める要素として大きな役割を果たすのです。

いまこの瞬間の「おいしい！」に集中する

そうはいっても、毎日、楽しいことが起こることはそうないと思います。

どちらかというと、「残業続きで、クタクタ」「仕事の成果が出なくて落ち込む」「職場の同僚とうまくいっていない」「将来に不安がある」「なんだかイライラする」などといった悩みを抱える方が多いかもしれません。そんな方が毎食、楽しい気分を維持するのは、きわめて難しいでしょう。

こうした気分がマイナスのときに、目の前の課題のことをどれだけ考えても、すぐに解決できるものではありません。

考えても動かせないことではなく、いま、できることに意識を向けてみましょう。

それは、時々、**自分にご褒美をあげる**ことです。**そのとき、一番食べたいと思うものを食べてみてください**。それも、ちょっとご褒美感のある「プチ贅沢《ぜいたく》な食べ物」だといいですね。

私もかつて、会社経営で大きくつまずいたことがありました。

「どんよりしていても仕方ない。悩んでも借金が減るわけではないので、目の前のことに意識を向けよう」と切り替えました。すると、不思議なほどうまくいきました。

忙しいと食事を後回しにしたり手を抜く人が多いのですが、食事に向き合ってみてください。具体的には、**食べられることに感謝し、よく噛んでゆっくりと丁寧に食べる**ことです。

毎日の食事を楽しんでいる人は、元氣そうに見えます。**「この人といると、何だか前向きな気持ちになる」と周りから思ってもらえる人は、いずれ、人やお金、運も舞い込んでくる**のです。

ぜひ、1日3回の食事を自分なりの工夫で楽しいものに変えてみてください。

DAY5 食改善ミッション

なりたい自分を想像しながら、「おいしい！」と声に出して食事をする。

DAY 6

予防医学は、ネガティブからポジティブなアプローチへ

▼「減塩」「糖質オフ」では、病人が減らないのはなぜ？

太らない　イライラしない　疲れない　やる気アップ　集中力アップ

悪者をつくるとわかりやすい「食ブーム」の構造

昨今は、「減塩ブーム」です。

日本人の塩分摂取量は、1日平均で男性約11g、女性が約9g（「平成29年国民健康栄養調査結果の概要」厚生労働省）。戦後のピーク時から、約7g（40%）も減りました。

ところが、30歳以上の成人男性の2人に1人、全国民でみると、じつに4人に1人が高血圧です。高血圧患者が増えている背景には、診断基準変更の影響もありますが、それだ

けではありません。

これだけ塩分摂取量が減っているのに、日本人の高血圧は減らないどころか、どんどん増えているのは、どうしてでしょうか。

じつは、塩分が原因で高血圧になる人は、日本人の場合、4割以下といわれます。残りの6割以上の人は塩分以外の原因で高血圧になっています。

だから、**塩分を制限するだけでは、高血圧は改善されない**わけです。

それなのに、塩分のリスクにばかりフォーカスして、栄養士さんたちは減塩指導を徹底しています。その指導を受けて、極限まで塩分量を抑えて、びっくりするぐらい薄味でおいしくないみそ汁をガマンして飲んでいるのに、血圧は改善していないという、残念な相談もよくあります。

血圧を上げる要素として影響が大きいのは、「ストレス」です。**減塩してもストレスが強いと血圧は下がりません。**だから、ストレスの少ない食事法は効果的なのです。

「血圧の敵は塩分」と悪者をつくるとわかりやすいのですが、減塩をアピールした商品には注意が必要です。

塩分を減らすと保存性が落ち、味も物足りなくなるために、添加物や化学調味料などが増えていることが多く、かえって余計なものを摂ってしまうことになりかねません。これでは本末転倒です。**無理な減塩は必要なく「適塩」でいい**のです。

これは、カロリーオフ、糖質オフ、脂質カット、プリン体オフなど、特定の栄養素を悪者にして減らすことがヘルシーだとアピールしている商品に多い現象です。

食品の都合の悪い面を隠して、消費者にとって耳触りのいい情報だけをアピールする。これは食品マーケティングの鉄則です。耳触りのいい情報に踊らされてはいけません。

短期的な結果を求めない

健康に限らず、物事は、良い面と悪い面の両方をもっています。どちらがいいか悪いか、白黒を判断するのは容易ではありません。

メリットとデメリットの両面を考えたうえでの判断が必要ですが、人によって、状況によって、目的によって、その判断軸や優先順位は変わるのです。

それに、**「絶対にこれを食べてはいけない」といって物事を区別したがる方は、固定概**

念や先入観で物事を判断しがちで、短絡的で柔軟性に欠ける傾向があります。また、すぐに結果を求めると「わかりやすい方法」に走りがちです。

健康も仕事も、目的と手段が大事です。ノウハウに走りがちですが、**大事なのは「何のためにそれをやるのか？」「どのようにやるのか？」という結果に至るまでのプロセス**ではないでしょうか。そして、さらに重要になるのは**「持続可能であるか？」**という観点。

あなたが上司なら、たまたま一度だけすごい成果を上げる人と、コンスタントに成果を上げ続ける人のどちらを、自分の部下に置きたいですか？

食事でも仕事と同様に「瞬間風速」ではなく、無理なく持続可能なことを大事にしたいところです。

極端な食事制限をすれば、一時的に体重は減るでしょう。しかし、長期的に維持するのは難しく、ストレスも大きく逆効果です。

とくに**糖質制限は、胃腸の負担が大きく、食事の総摂取量が減りがちです**。たんぱく質や脂質が主になることで肝臓や腎臓の機能低下につながることがあり、これらは**高齢にな**

ったときに、ダメージが現れるのです。

このような長期的リスクに関しては、メディアなどは言及しません。

ヘルス・プロモーションがこれからの主流に

こうした制限を強いる食事術は、予防医学でいう**「リスク・リダクション」**に該当します。リスク・ファクター（危険因子）を避ける、減らすことで、生活改善するという手法で、**「ネガティブ・アプローチ」**の一種です。食事制限や、タバコやお酒など嗜好品を減らすという行為もリスク・リダクションといえます。

この方法は効果的ではないと、１９８０年代にＷＨＯも公式見解を示しています。

一方、私が主張する「禁止・制限・ガマンなし」の食事は、**「ヘルス・プロモーション」**といいます。ヘルス・プロモーションは、人びとが自らの健康をコントロールし、改善する目的に立つ、これからの予防医学の考え方に基づきます。より前向きで積極的な取り組みであることから、**「ポジティブ・アプローチ」**と位置づけています。

この2つのアプローチは、それぞれどういった結果をもたらすのか。その参考となる研究を紹介しましょう。

ある症状の方を2つのグループに分けて、長期的に食事指導をしたときのことです。片方のグループには、食事制限を課す「リスク・リダクション」を、もう一方のグループは何もせずに経過観察しました。

するとどうでしょう。**30年後、40年後の死亡率を比べたときに、何もしなかった人のほうが、死亡率が低かった**のです。一方、厳しい健康指導、食事制限（リスク・リダクション）は、死を早めてしまいました。

過度な食事制限や健康改善の取り組みは、ストレスにつながるとかえって健康を害することになります。難しいことは必要なく、**基本的なことさえ押さえておけば、好きなように楽しく食べるほうが精神衛生上、健康にいい**といわざるをえません。

そうはいっても、これまでの食事に何かを加えるのは、不安ではないでしょうか。体に取り込むものを減らすほうが、何となくリスクが少ないようにも思えます。

ご安心ください。

次のLESSON2でお伝えする**「ごはん中心の食事術」は、いまの食生活のバランスを変えて、無理なく置き換えていくポジティブ・アプローチ**です。これまで、多くのビジネスパーソンに指導してきましたが、いくつかのコツさえ意識すれば、特別なことは何もせず、皆さんしっかり成果を出しています。

LESSON1を終えて、食に対するメンタルの重要性を理解したあなたなら、日を追うごとに「ごはん中心の食事術」の効果を実感できるはずです。早速、実践していきましょう。

DAY6　食改善ミッション
何かを制限するネガティブな意識から、食べる楽しみを増やすポジティブな食事法に切り替える。

LESSON 2

仕事の生産性が高まり、
しかも太らない!

「ごはん中心」食事術

DAY 7-11

GOAL IMAGE

ごはんをしっかり食べて、疲れ知らずのビジネスパーソンに

本章では、心と体を元氣にする「ごはん中心」の食事術の原理原則と方法論をお話しします。

ルーチンワークの食事のポイントは主に２つ。

①おかずを食べすぎない

②ごはんは、食事全体の約６割を目安に

これを意識するだけで、みるみる仕事の成果が表れ、疲れにくい体に変わっていきます。

DAY7

老化を防ぐ！ごはんは最強の抗ストレス食材

▼糖質制限の弊害に注意

太らない
イライラしない
疲れない
やる気アップ
集中力アップ

糖質制限では「脂肪」より「筋肉」が落ちる

LESSON2では、本書のメインテーマでもある**「ごはん（白米）中心」食事術**の実践に移ります。

まずは、ごはんを食べることの効用について、脳との関係性の観点から話します。

じつは、**脳機能を正常に維持するには糖質（炭水化物）の役割がとても重要**になります。

脳は体重の2％程度ですが、じつは最もエネルギー消費が大きい臓器です。なんと、**全エネルギーの20％以上を消費しているのは脳**なのです。

しかも、前述のとおり、そのエネルギー源は糖質であるブドウ糖が主です。エネルギーが不足したときは、ほかのどの組織よりも、脳へのエネルギー確保が優先され、脳以外の組織にブドウ糖が取り込まれにくくなります。

そのため、膵臓《すいぞう》がインスリンを出してもブドウ糖を取り込みにくい状態になり、**慢性的に続くとインスリンの働きが悪化し、糖尿病のリスクがあがります。**

糖質の不足は体にとって緊急事態なので、それを補うシステムがいくつかあります。

その一つが、肝臓が体内の脂肪を分解してエネルギーを作り出すという機能です。

このとき、血液中に**「ケトン体」**という物質が出るので、糖質を制限してケトン体を増やせば、体脂肪が燃えてやせられると言われていますが、この機能は飢餓《きが》に対して備わっているもので、本来のメカニズムではありません。

もう一つは、**「糖新生」**というメカニズムです。体内のブドウ糖が不足すると、筋肉を壊してブドウ糖を作り出します。そのため、糖質を制限すると、筋肉がどんどん壊れていき、筋肉量が減ってしまうのです。

もしも筋肉を増やすためのトレーニングを並行していなければ、体脂肪よりも筋肉のほうが急速に落ちます。**筋トレをする場合も、筋肉のエネルギー源になる糖質が足りないと、筋肉は増えにくいので、効率は悪くなります。**

糖質制限によって体重が落ちて、「やせた」と喜ぶ人は多いですが、これは勘違い。**実際に落ちているのは、筋肉であり、脂肪は意外と落ちません。**

安易に糖質制限をして筋力が衰えていけば、老後に寝たきりになるリスクがあります。40歳を超えると、筋肉の減少が加速します。加齢による筋肉減少が糖質制限によってさらに加速し、運動機能や体力の低下が著しく寝たきりになる事例が増えていることが、介護の現場で深刻な問題となっていることはあまり知られていません。

糖質を控えると、エネルギー効率が悪くなるため、あらゆる臓器の活動も抑えられます。

とくに、エネルギーをたくさん必要とする脳はダメージを受けやすく、糖質が不足するとエネルギーを作り出すために肝臓がフル回転します。**現代人の生活は、添加物、アルコール、薬の服用やストレスによって肝臓を酷使しているので、糖質制限によって肝臓にさらなる負担をかけるのは、得策ではありません。**

少々大袈裟《おおげさ》に聞こえるかもしれませんが、**糖質制限は老化を促進しやすい食事**ともいえるのです。重度の糖尿病の治療や専門家のサポートがあるなどの特別なケースを除いて、自己流での極端な糖質制限は危険です。

血糖値だけを見るのではなく、脳の健康を保ち、活動するための筋力を維持することで、寝たきりにならないためにも、上手に糖質を摂取するかがポイントになります。

ファーストチョイスは「ごはん」

では、糖質だったら、どんな食べ物を口にしてもいいのでしょうか。

まず、糖質と炭水化物の違いについて確認しましょう。体内に吸収されてエネルギー源

図7　「糖質」と「炭水化物」の違い

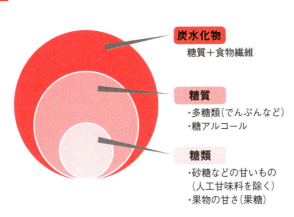

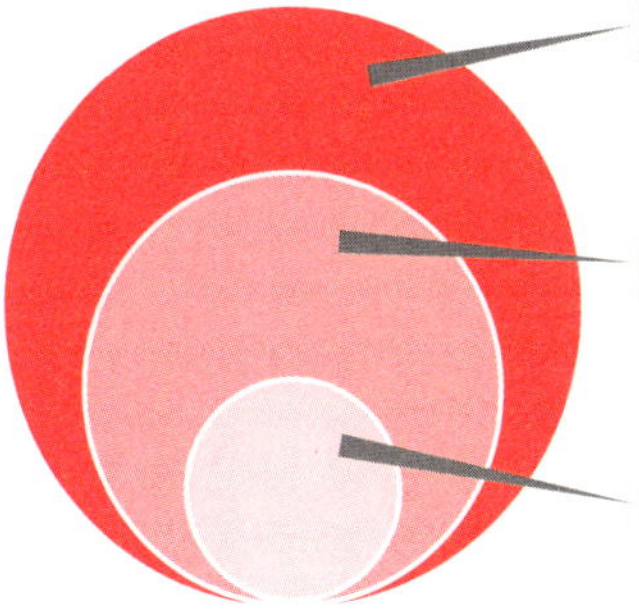

になる「糖質」と消化吸収されずエネルギー源にならない「食物繊維」をまとめて「炭水化物」といいます。

糖質だけの摂取は増やさず、食物繊維も摂れる炭水化物を上手に選ぶことがポイントです。

さらに同じ炭水化物でもどの食材を選ぶかで、影響は大きく変わります。

炭水化物の代表格といえば、主食といわれるごはん、パン、麺類です。食材でいうと「米」か「小麦」という選択になります。

私は**お米を「ごはん」としてしっかり食べることをすすめています。**理由はたくさんあるのですが、私が考える**「ごはんの魅力トップ3」**をご紹介します。

1．エネルギー源（糖質）としての効率の良さと糖質以外の栄養素が優れている
2．日本人の体質に合っているうえ、ごはんが好きな人が圧倒的に多い
3．他の食材やメニューと組み合わせやすい。コストも安く日常的に食べやすい

まさにお米は、**日本人の救世主**ともいえる存在なのです。

ところが、そのごはんを食べるにあたり、ネックになるものがあります。それはごはんに対する誤解です。「ごはんは太る」「ごはんはカロリーが高い」と思っている人も多く、安心して食べられないことはストレスです。

まずは、カロリーを摂り過ぎることへの恐怖心をどう克服するか。詳しくはＤＡＹ８で述べたいと思います。

DAY7 食改善ミッション

糖質制限はリスクだらけ。
健康寿命を延ばす観点から「お米」を積極的に摂取する。

DAY8

メタボの人ほど、じつはカロリー不足

▼カロリーは控えるよりも質を改善

メタボの原因は「カロリー不足」による代謝機能の低下

「炭水化物を摂りなさい、お米を食べなさい」

こう言われて、不安がる人は多いでしょう。

「ごはんはカロリーが高いから、食べたら太るじゃないか」

「自分はメタボだから、ごはんを食べたらよけいに太る」

「そんなにごはんを食べたら糖尿病になる」

そう反論したくなる気持ちもわかります。


しかし、それは大きな誤解です！


ごはんのせいではなく、組み合わせや食べ方など、ほかに要因があります。

たとえば、ごはんも食べているけど、おかずを食べ過ぎていたり、麺類が多い、お酒を飲むときにつまみだけでごはんを食べていないなどさまざまです。

結論から述べると、改善のポイントは、**ごはんはしっかり食べて、おかずを食べ過ぎないことです。そして、食事は1日3回、よく嚙んでしっかり食べること。**

自分はメタボ体質だと自覚している人こそ、積極的にごはんを食べるべきです。

PRE LESSONでも説明しましたが、メタボの正式名称は、**「代謝異常症候群」**といいます。文字どおり、代謝が悪化することにより、内臓脂肪が蓄積することを指します。
それが太りやすい原因になるだけでなく、高血糖や高血圧、中性脂肪、尿酸値異常といった症状を引き起こすのです。

また、最近の傾向としては、やせ型で一見問題なさそうな人におなかだけポッコリしていて、検査値にも異常が多いという**「隠れメタボ」**のタイプが増えていること。太っていないことで、安心しがちですが、じつはリスクの高い人です。

メタボになると、血圧だけが上がりやすい人もいれば、尿酸値だけが上がる人もいます。症状に違いが生じるのは、遺伝的な体質や生活習慣による臓器の状態、自律神経の働きなどが影響しているからです。

したがって、**「高血圧だから塩分を控えます」「尿酸値を抑えるためにプリン体には気を付けよう」「コレステロールの高い卵を避けよう」と個別に対処しても、意外と結果が出にくいです。**さらに、代謝の乱れを改善していないため時間の経過とともにどんどん異常値が増え複合していきます。

こうして制限食が増えて、ストレスが溜まり、ますます病気のリスクが増えるのです。表面に現れている現象だけに対応していても、問題は次々と現れて、疲弊するだけ。まさにモグラたたき状態です。

こうしたことに労力を割くより、**根本原因の代謝を改善し、内臓脂肪を減らすことが、最も効果的**です。

低カロリーの食事は、代謝が落ちて太りやすい体質になる

代謝とは、食べ物を体内で分解することで活動のエネルギーを作り出し、食べ物から得た材料を使って体の部品を作り出す作業のことです。エネルギーを作り出すことが代謝の始まりともいえます。エネルギー源となるものを入れること、つまり**「食べる」ことが代謝を上げる第一歩**なのです。

カロリーは、その食事がどのくらいのエネルギーを作り出すのかを表した数字です。

カロリー制限をして、エネルギーが不足すると体は防御機能が働き、消費を抑えて内臓脂肪として溜め込みます。逆に、エネルギーが確保されると、燃焼モードになって消費が上がるので、体脂肪が減りやすくなります。

体内の脂肪は、全身につく皮下脂肪とおなか周りだけにつく内臓脂肪の2種類に分類されます。**皮下脂肪に比べて、内臓脂肪は落ちやすいので、代謝が上がると内臓脂肪から燃**

えておなかからやせるというわけです。

たしかに低カロリーの食事をすれば、最初のうちはみるみるやせていきます。しかし、2週間くらいで停滞期になり、やせなくなります。

それは、体が摂取カロリーの低下に合わせて節約モードになり、消費カロリーが少なくなってしまうからです。これでは代謝が落ちて、より太りやすい体質になります。

また、消費エネルギーが低下するのは、体温維持や臓器の運動といった生命活動に使うエネルギー量を抑えるからです。身体機能自体が低下し、疲労や脳機能低下から仕事への悪影響や体の老化も懸念されます。

このように**カロリーを抑えてやせたり、検査数値を改善しても、代謝が下がっていては元氣に生きていくことは難しい**のです。

健康長寿の高齢者ほど食事量が多い

カロリーの摂り過ぎに注意している人は多いですが、そもそも、日本人のカロリー摂取量はむしろ不足気味だという事実をご存じでしたか？

日本人の1日のカロリー摂取量の推移をみると（『国民健康・栄養調査』）、戦後まもなくは貧しい時代で約1900㎉と摂取量は低く、ピークは高度成長期のころで約2200㎉で、2005年以降、カロリー摂取量は戦後よりも低いというのは驚くべき事実です。しかも、さらに年々減少していて、日本人はどんどん少食になっているというのが現状です（次ページ図8参照）。

にもかかわらず、肥満や糖尿病などの生活習慣病が増加しているのは、不思議ではありませんか？

カロリーが減っている一番の要因は、3食きちんと食べない人が増えたこと。朝食抜きや食べ過ぎた後に食事を抜いたりする不規則な食習慣です。

定期的にエネルギーが入ってくると体は安定して機能します。ムラ食いは代謝を悪くし、血糖値も不安定にする原因となります。

エネルギーが足りないと、脳だけでなく、筋肉も臓器も骨も衰え、寝たきり一直線です。

しかも年齢と共に食欲は自然と落ちるものです。**せっかく食べられるのに「もう年だから」**

DAY 8

図8　日本人1人当たりの1日の栄養摂取量の推移

カロリーと炭水化物の摂取量は減り続けている！

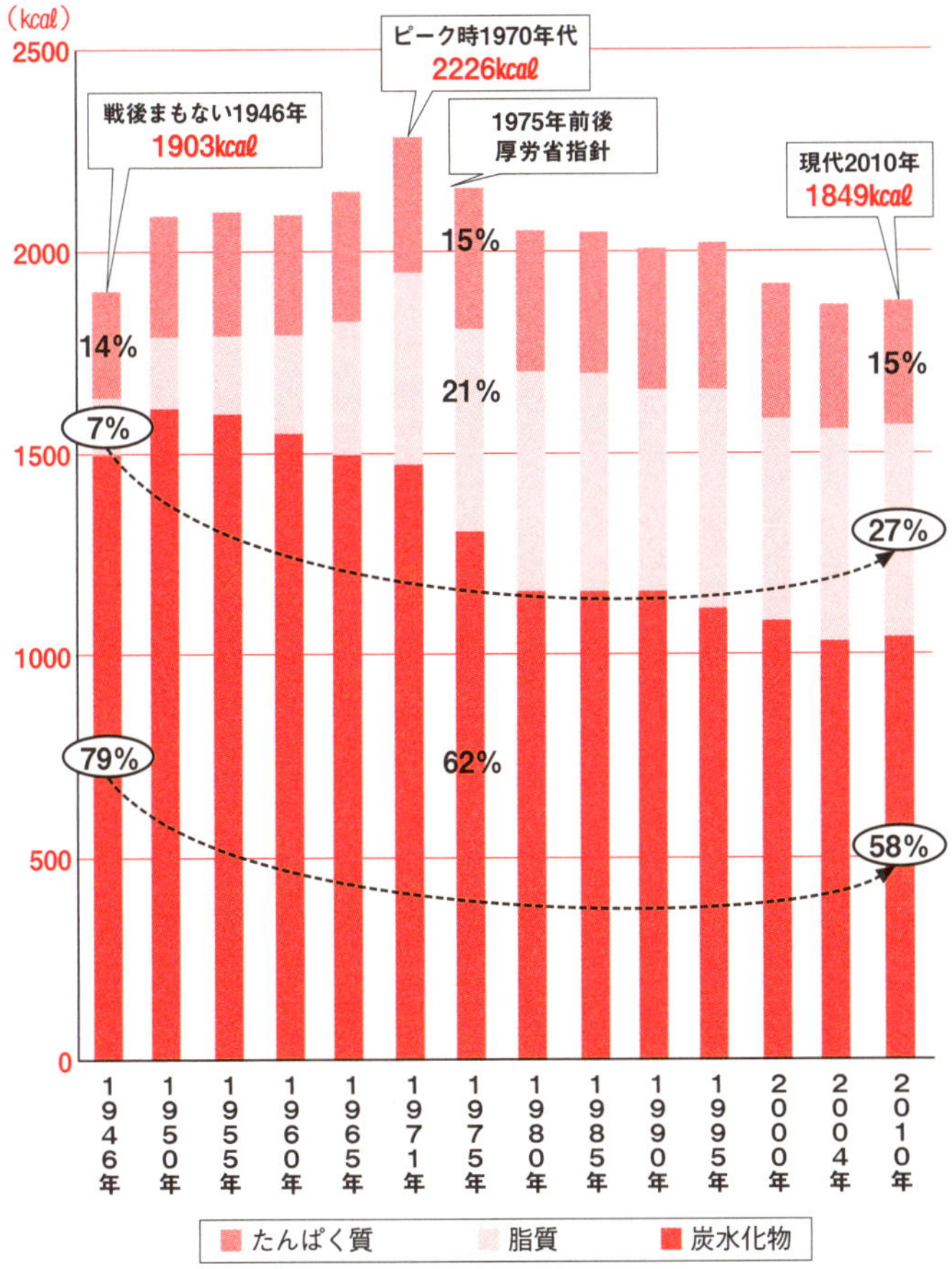

厚生労働省「国民健康・栄養調査」をもとに作成

といってごはんの量を減らすことは、体の機能も落としかねないもったいない行為です。

健康長寿の高齢者ほどごはんをしっかり食べています。食べているから代謝も高く、元氣を維持できているのでしょう。

ビジネスパーソンを指導していても、「『メタボ』の人ほどカロリー不足」傾向にあることを実感します。「メタボの人はカロリーを摂り過ぎている」という先入観から、**「むしろカロリーが足りないとメタボになる」**という認識に変えて、ごはんを食べるようにしてください。

DAY8 **食改善ミッション**

カロリー表記を気にせず、ごはんを食べる。

DAY9

やせたければ、パンや麺類ではなくごはんを食べる

▼めざすは、1975年前後の食事

太らない
イライラしない
疲れない
やる気アップ
集中力アップ

日本人のメタボの原因は「ごはん」ではない!?

まだ「ごはんを食べると、かえってメタボになるのでは」という疑いが晴れないかもしれませんが、データで見ると不思議な現象が起こっています。

日本人の摂取カロリーに占める炭水化物の割合は、終戦直後は約80％を占めていましたが、現在では55％前後と戦後ひたすら減少しています。炭水化物が減った代わりに脂質の比率が増えています（P117図8参照）。現代人は炭水化物を摂り過ぎているという情

報を耳にしますが、実態は逆なのです。

さらに、炭水化物の内訳を消費動向と併せて見ると、問題は明らかです。**40年前から現代にかけて、パンや麺類など小麦の消費量は伸びる一方で、お米の消費量はすでに半分以下、と激減しています。**圧倒的にお米を食べなくなっているのです。

にもかかわらず、昔に比べて現在のほうが、糖尿病患者やメタボが増えています。この事実をどう思いますか？

逆に戦後、一貫して摂取割合が増え続けているのが脂質です。脂質の摂取過剰というより、炭水化物が減った結果、相対的に脂質の比率が上がっているのです。

メタボ増加の本当の原因は、炭水化物の摂り過ぎではなく、お米を食べる量が減って小麦食が増え、脂質が多く含まれるおかずを食べる量が増えているからなのです。

「日本人は炭水化物を摂り過ぎている」と主張する方には、ぜひこのデータを見てほしいと思います。

「おかずをしっかり食べる」食事は時代遅れ？

健康的な食事の目安として、**1975年前後の食事**という指針があります（厚生労働省）。このころの日本は、高度経済成長のど真ん中で、ビジネスパーソンが元氣ハツラツに働いていたころです。

P117図8の1975年の数字をよく見てください。当時と比べて摂取量が減少したのは、カロリーと炭水化物。一方、脂質は割合こそ上昇したものの、棒グラフの幅でみると、摂取量はそれほど増えていません。

ここから読み取れるのは、**国の指針である「1975年の食事」を実現するには、脂質を増やさず炭水化物を増やし、カロリーアップすること**です。

それには、油を控えることでもなければ、肉や魚などおかずを食べるのでもなく、**ごはんをしっかり食べる**ことです。

ごはんはほとんど炭水化物で、**脂質の割合は全カロリーの2％**にすぎません。**余計な脂**

質を増やさずに炭水化物を摂れる理想的な食材です。

ちなみに、かつては「1日30品目食べなさい」と奨励していた厚生労働省も、2000年に「1日30品目食べたらおかずが増えて肥満になる」と提案を取り下げています。**「おかずをしっかり食べる」食事はいまや、時代に合わないもの**なのです。

パンや麺類より「ごはん」がいいわけ

では、どうしてパンではダメかというと、**バランスをとりにくい**ことと、噛まずに早食いになるからです。

ごはんに含まれる脂質の割合が全カロリーの2％に対し、パンは普通の食パンに何もつけない状態で脂質の占める割合が約15％と多め。クロワッサンなどデニッシュ系だと、じつに40〜50％！　バターやマーガリンをつけると、脂質の割合はさらに上がります。

とくに調理パンなどはさまざまな調味料や油、添加物が入り、思った以上に余計なものを摂取することになります。**結果、脂質が高めの食事構成となり、バランスが崩れた食生**

活となります。

麺類はどうでしょう。パンに比べたら脂質の量は少ないものの、**麺類の最大のデメリットは、「早食い食」**であること。ほとんど嚙まずに、つるんと丸飲み状態で食べ終わってしまう点です。そばやうどんなら、5分で食べ終わってしまう男性もいるはず。

小麦を一度「粉」にしてから加工するパンや麺類は、お米を「粒」のまま加工なしで食べる**ごはんに比べて消化が早く、エネルギーの持続力もないので代謝が上がりにくい**傾向があります。腹持ちが悪いため、すぐにおなかが空いて間食がほしくなったり、次の食事を食べ過ぎてしまうなどの食行動につながります。

パンや麺類と比べて、カロリーは低いのに、腹持ちがいいので間食も減り、バランスがとりやすい。それがごはんです。

お米は収穫後脱穀した粒を水に入れて加熱したら食べられる、とてもシンプルな自然食です。しかも、**脂質は少ないのに、たんぱく質やビタミン、ミネラル、食物繊維といった栄養素が幅広く含まれているまさに「マルチ食材」**といえます。

DAY 9

「3食しっかりとお米を食べる食生活にすると、太りにくい」

多くの医者や栄養のプロがそう断言するのは、こうした理由があったのです。元気な高齢者のみなさんも実証してくれています。

DAY9 食改善ミッション

パン、麺類よりも、ごはん中心の食事に変えてみる。

DAY 10

1日の目安、お米2合！　茶碗に5杯弱

▼みるみる引き締まる「ごはん生活」

太らない　イライラしない　疲れない　やる気アップ　集中力アップ

「3食しっかりごはん」を標準に

では、具体的にどれくらいの量のごはんを食べればいいのでしょう。

あなたは普段どれくらい、ごはんを食べていますか？

最近は、ごはんを減らすために小さめのこどもサイズのお茶碗を使う人も増えていますが、女性用の一般的なお茶碗に普通盛りで約150gです。これを基準とした場合、1日

に何杯食べていますか？

最近の食生活の傾向では、1〜2杯の方が多いです。多い方でも3杯程度。

働き盛りのみなさんは、これでは、まったく足りません。一般的なビジネスパーソンが目安としてもらいたいのが、1人**1日お米2合。ごはん量にすると、約660g（茶碗5杯弱）です。男性や運動習慣のある人は、もっと増やしてもOKです。**

日常活動の分として脳や臓器にエネルギーを行き渡らせるだけでなく、代謝を高めて機能アップさせるためには、これくらいの量が必要なのです。

そんなに食べて大丈夫かと不安に思うかもしれませんが、じつは、**この量は先述した40年前の平均とほぼ同じ**なのです。当時の日本人は、当たり前に1日2合を食べていましたが、肥満や糖尿病は現代のように多くありませんでした。

現場で食生活のヒアリングをするなかで、ごはんをしっかり食べているのにスリムな人がいることが初めは不思議でしたが、次第に確信に変わりました。スリムなだけでなく、体力があって元氣であることが共通点で、高齢な人ほどこの傾向ははっきりしています。

「体重が増えないか怖いので、試しに少し増やしてみます」
と心配される方も多く、気持ちはわかるのですが、これは失敗しやすいパターンです。もともと食べていなかった人が、ごはんを増やす場合は、思い切って増やしたほうが良い傾向が表れます。

ごはん中心の食事に体を一気に適応させる「燃焼モード」にするために、最初の1週間はとくに重要です。**「1週間チャレンジ」として、1日3食、ごはんとみそ汁をしっかり食べてみてください。**

このとき大事なのは、**ごはんを食べる分、おかずをぐっと減らすことと、みそ汁を組み合わせること**。

「おかずたっぷりに少なめごはん」から「たっぷりごはんに少々のおかず」とバランスを一気に変えてみてください。

「おかずを減らして、栄養が不足しないのか？」そう心配される方もいますが、問題ありません。先述のとおり、お米はたんぱく質やビタミン、ミネラル、食物繊維など、あらゆる栄養素を兼ね備えている、「オールインワン」の食品だからです。

しっかりごはんを食べておかずを減らすと、カロリーは減る傾向があります。お米2合はカロリーにすると、1100kcal程度と決して多くはないからです。**おかずから多く摂りがちな、脂質や塩分も自然と減ります。**

エネルギーとして使われやすい炭水化物が増えるため、エネルギー消費量がじわじわと増えます。体が適応してくると、**1週間から10日で代謝が上がってきて、現象としては、体温が上がり冷えなくなる、疲れにくくなる、間食（とくに甘いもの）が欲しくなくなる、睡眠に変化が出る、イライラしにくくなる、おなか周りが引き締まってくるなどの変化が表れてきます。**

ある30代の男性は、4カ月ごはん中心の食事を実践した結果、体重が**96kgから75kgに、**別人のように変わりました。ごはん中心食事術を実践する前は、糖質制限ダイエットで約100kgから70kg近くまで3カ月足らずで落としていたものの、わずか半年でリバウンドしてしまったようです。しかしごはん中心に切り替えてからは、約2年、無理なく体型をキープしています。

実際、食サポートの現場でお会いする90歳以上の高齢者たちのなかには、毎日2合をペ

図9　**現代の食生活のイメージ**

形(カロリー)はあるけど、
大事なもの(ビタミン・ミネラル・食物繊維)＊ が不足し、
中身がスカスカなのが「現代食」

＊ビタミン・ミネラル・食物繊維は、エネルギーを持たない「副栄養素」として、補助的役割を担っています。

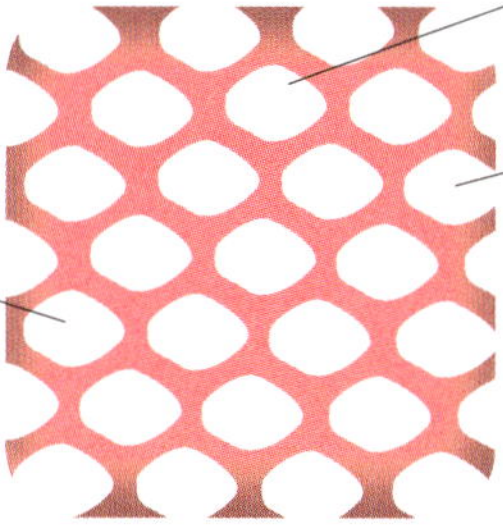

不足する要因

- **工場で大量加工された食品の増加(加工食品)**
  インスタント、レトルト、冷凍食品、コンビニ食など
- **野菜の質の変化**
  季節外れの野菜、遠くから運ばれる野菜、カット野菜など
- **添加物や加工助剤の摂取**
- **早食いで噛まないことによる吸収率低下**
- **腸内環境の悪化**

代謝に必要な栄養素を摂ること(＝穴を埋めること)が改善につながる！

ロリと食べてしまう方も少なくありません。**年代を問わず、実践できる食事法**なのです。

最近では、飲食店でも、ごはんを残す方が多いため、一人前の量が最初から少ない傾向です。男性でも少なめにする方が増えていますが、私はいつも大盛りかお替りをします。**定食屋でごはんを大盛にするのは、圧倒的にスリムな体型の方**というのも意外ではありませんか？

ごはんを増やすときの注意

ごはんを中心に食べるにあたっては、一つ注意があります。

重たくて食べられない、と感じたら無理をしないこと。

おかず中心食や液体食（スムージー、プロテインドリンク、野菜ジュースなど）や3食きちんと食べていなかった人は体の機能が衰えている可能性があります。

消化力が追い付かず消化不良を起こしたり、代謝がうまくできず滞《とどこお》ってしまうと、胃もたれやだるさ、ねむけなどの症状が出たり、便秘やおなかのハリ、全身のむくみで体が重くなることがあります。

そのときは、**一気に食べる量を増やさず、段階的にごはんの量を増やしてみてください。**

1〜2週間で体が慣れていき、次第に結果が出やすくなるはずです。

「1週間チャレンジ」で体調がよくないという場合は、食べ方などを見直す必要がありますので、さらに読み進めてください。

DAY 10　食改善ミッション

「1週間チャレンジ」1日3食ごはんとみそ汁をよく嚙んで食べる。

ごはんを増やした分、おかずを減らす。

DAY 11

プラス「雑穀」で、天然のサプリメントに大変身！

▼健康・美容にも効果大

太らない
イライラしない
疲れない
やる気アップ
集中力アップ

エネルギーが燃えるイメージは「マッチ棒理論」

マッチ棒は、頭の赤い部分が着火剤になって火を点《つ》ける役割で、軸の木の部分が燃料となって燃えます。着火剤だけでは燃えないし、軸がないと燃え続けられません。両方揃って初めて、マッチとしての役割を果たします。

エネルギーを燃やして利用する過程はマッチが燃えるところに似ているため、マッチにたとえて**「マッチ棒理論」**と呼んでいます。

これを栄養素に置き換えると、軸の部分の燃料はカロリーをもつ栄養素で、主に炭水化物です。**着火剤となるのは、カロリーをもたない「ビタミン、ミネラル」**です。

着火剤（ビタミン、ミネラル）が不足していると、軸（炭水化物）をうまく燃やせなくなるため代謝が悪く、太ったり、血糖値が上がったりという問題が起こります。解決法は、**炭水化物を減らすことではなく、着火剤を補う**ことです。

着火剤を増やす方法としては、加工品を減らして鮮度のいい食材を意識したり、野菜などを摂る、がありますが、環境によっては選択肢がない場合もあります。

そんなとき、「食べ方を見直す」ことがとても効果的です。嚙まずに早食いすると、ビタミン、ミネラルの吸収率は著しく悪くなります。逆に、**よく嚙んで食べるだけで、着火剤が増え、燃えやすくなる**のです。

日常的に食べる量の多い食材は、当然その影響が大きくなります。ごはんは主食として登場頻度が高く、一度に食べる量も多いためちょっと工夫することをご提案しています。

私たちが普段食べているお米は、精白されたものが中心で、ビタミン、ミネラル、食物

図10

マッチ棒理論

カロリー燃焼のイメージ

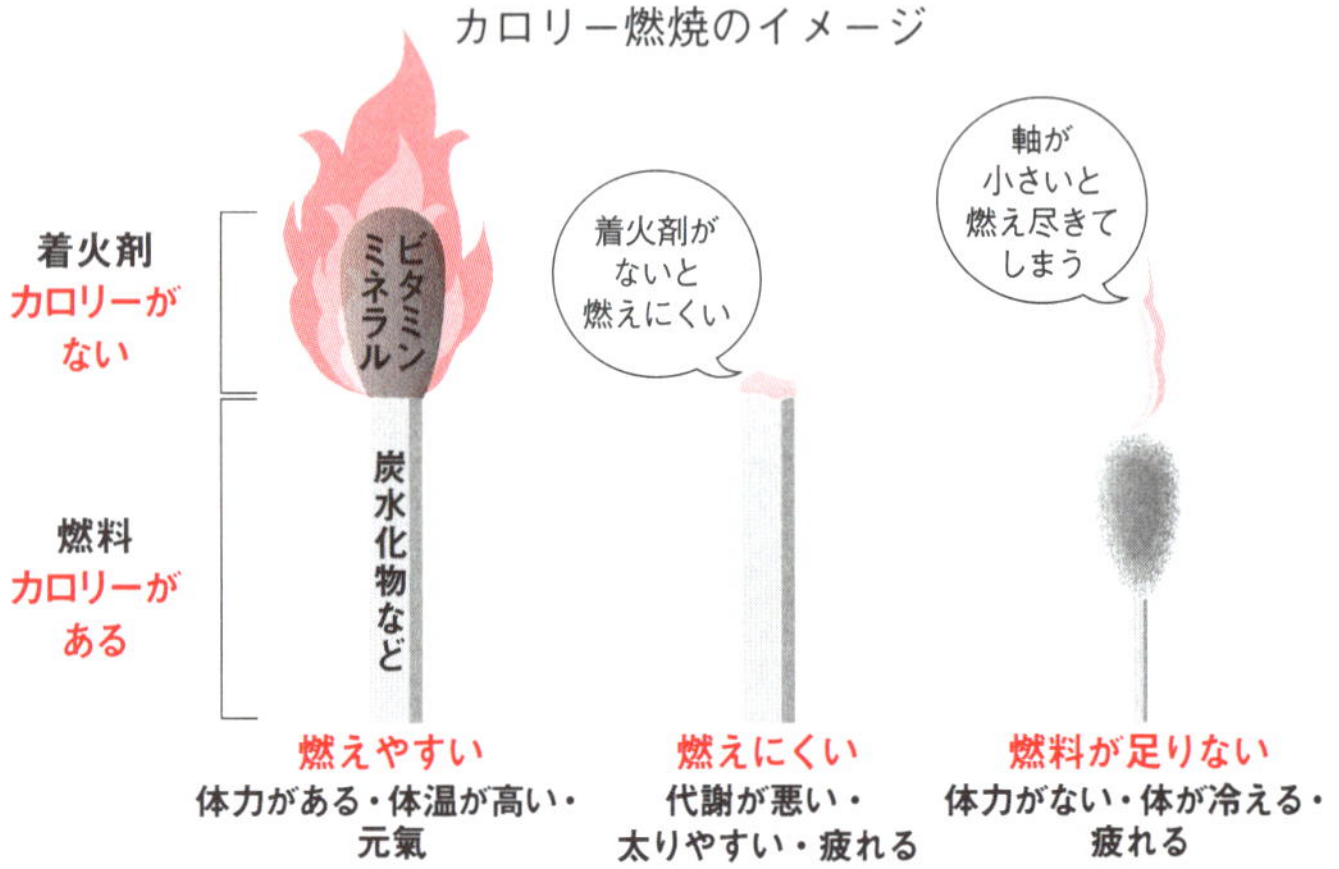

繊維などの「副栄養素」つまり着火剤が少なくなっています。

では、どうしたらいいでしょうか。

最適なのが**「雑穀」**です。

白米に雑穀を混ぜて炊くと、**ビタミン、ミネラル（とくにマグネシウム）食物繊維、抗酸化成分がたっぷり補えるスーパーフード**になります。

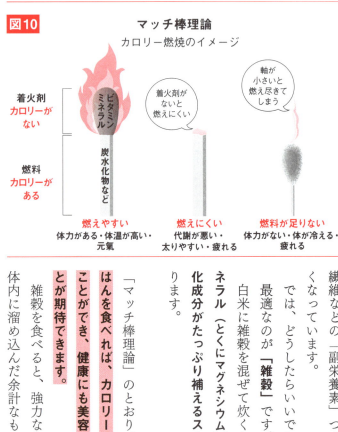

「マッチ棒理論」のとおり、**雑穀を入れたごはんを食べれば、カロリーをどんどん燃やすことができ、健康にも美容にも働きかけることが期待できます。**

雑穀を食べると、強力な食物繊維の働きで体内に溜め込んだ余計なものがどんどん排出され、腸内環境が整います。

また、**新鮮な雑穀は、抗酸化力が高く、体内の酸化を防ぎ、細胞の老化を防ぎます。**腸内の粘膜がキレイになると全身の新陳代謝が活発になり、顔や全身の細胞も次々と若返るのです。「肌ツヤが良くなって、見た目が10歳若返った！」と喜ぶ男性も大勢います。

もう一つ、雑穀を食べ続けていたら、**「髪にハリが出てきた」**という声も聞きます。**白髪が減ったり、薄毛の改善も期待**できます。

雑穀は品質で「味と効果」が劇的に変わる！

雑穀を普段の食事に取り入れるには、**白米1合に対して雑穀を大さじ2〜3杯（20〜30g）を混ぜて炊くだけ。**とても簡単です。

雑穀を選ぶ際のポイントは、**粒が欠けたり割れたりしておらず、新鮮であること。ブレンド内容が10穀くらいまでのシンプルなものにすること。水に入れたときに、白米と同じように水に沈むもの**が、良質な雑穀の証拠です。水に浮くのは鮮度が落ちて乾燥し酸化が進んでいるため、味や食感が悪く、スーパーフードとしての効果も期待できません。

流通している雑穀のほとんどが輸入品です。本当の国産を選ぶには、**「○○県産」**と、生産県が書いてあるものを選ぶようにしましょう。

日本一の雑穀王国・**岩手県は品質が高いものが多い**です。

本当に自分で食べたい品質のものが流通していなかったので、東日本の震災をきっかけに岩手県の復興支援のために開発した**「マイ穀」**というブランドがあります。

契約農家で収穫したものを丁寧に手でブレンドし、劣化する要素である紫外線、温度、酸素をシャットアウトした保管、流通をすることで鮮度を保っている雑穀は、驚くほどおいしく、体も変わるので、一度食べてみてください。

玄米は胃もたれ、吸収障害を起こすケースも

健康のために玄米を食べる人も増えています。

玄米は白米より栄養豊富ですが、消化されにくく胃腸に負担をかけるので、胃もたれを引き起こすケースがあります。吸収を阻害する物質も含まれているため、ミネラル類の吸

収障害が起こることもあります。
もし、食べる場合は、白米以上に、とにかくよく嚙むようにしてください。

こんな方には玄米はオススメではありません！

・60代以上の年配の方（消化機能が落ちるため）
・6歳以下の未就学児（消化器官が未成熟なため）
・胃腸が弱いと感じる方（消化力が弱い）
・貧血・骨粗しょう症の方（鉄やカルシウムの吸収が悪くなる可能性）
・風邪など体調の悪いとき、疲れているとき、激しい運動の後（消化力が落ちる）
・早食いの人

DAY11

食改善ミッション

国産の新鮮な雑穀を入れてごはんを炊いてみる。

LESSON 3

お米の最強パートナー！

簡単「みそ汁」食事術

DAY 12-17

GOAL IMAGE

シンプルな食事で、疲れない＆やせやすい体に！

昔の人が肉や魚を食べなくても元気だったのは、お米と一緒に味噌を食べていたから。それをさらに「みそ汁」という料理にすることで、健康効果が一気にアップ。

ごはんとみそ汁を中心に、おかず少々。これが、疲れない＆やせやすい体をつくるためのベストな食事。ぜひ習慣化しましょう。

DAY 12

ごはんと「みそ汁」は鉄板の組み合わせ

▼「具だくさん」でさらにパワーアップ！

太らない
イライラしない
疲れない
やる気アップ
集中力アップ

ごはんは優秀なたんぱく源！

ごはん、パン、麺類などの穀類は糖質だけと思われがちですが、じつは、日本人にとっては重要なたんぱく源でもあることはほとんど知られていません。こんなにもごはんを食べなくなった現代においても、たんぱく質の供給源としては、**穀類（24・1％）**が約4分の1を占めていて、肉（21・1％）や魚介類（16・6％）よりも多いのです（次ページ図11）。

LESSON1で述べたとおり、昔はそれほどお肉を食べていなかったにもかかわらず、

図11　国民1人・1日当たりたんぱく質供給量

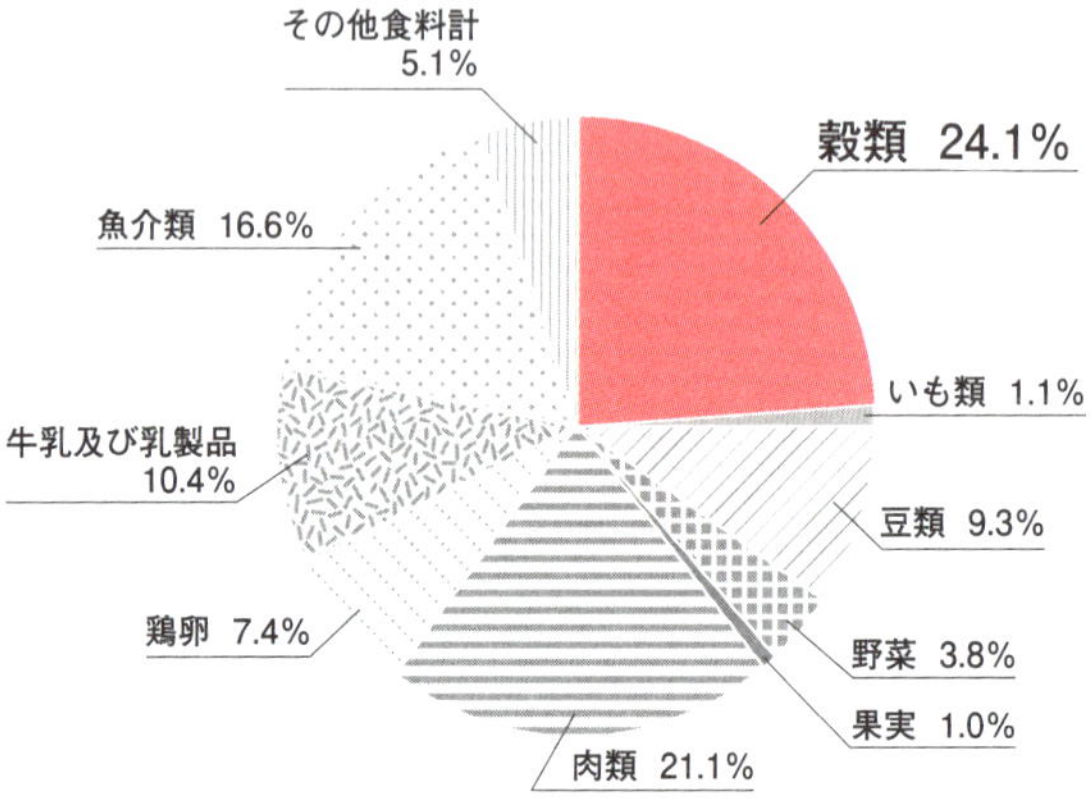

農林水産省「平成29年食料需給表」をもとに作成

筋骨隆々で丈夫な体つきの日本人が多かった秘密は、お米に含まれるたんぱく質の力にあったのです。

たんぱく質はアミノ酸の集合体です。アミノ酸の構成は食材によって異なり、体内でつくることのできない必須アミノ酸がバランス良く含まれているかどうかは**「アミノ酸スコア」**で示されます。アミノ酸スコア100が最もバランスが良いとされます。

白米は65なのに対して、**小麦は40以下**と、大きく差がつきます。同じ穀類でもどちらを選べばよいかは歴然です。

筋肉や骨、肌や血液をはじめ、体内のあらゆるものはたんぱく質からつくられており、毎日食べる主食の選択は、体の質を大きく左右するのです。

肌の調子がよくなり、髪に艶が生まれ、筋肉や骨、血管がしっかりとしてきて、結果として老化防止になります。

したがって、小麦由来のパンや麺類より、日常の主役は断然お米をおすすめしたいのです。

パンや麺類は、変化として時々楽しむのがよいですね。

ちなみに、肉、卵、魚介類など動物性の食品は総じてアミノ酸スコアが高いので、質の良いたんぱく源といわれます。しかし、動物性食品の多い食生活は、腸内環境を悪化させ日本人の体質には不適合です。

また、**たんぱく質は一度にたくさん吸収できないという性質があるため、こまめに摂る**ことが必要です。肉をドカッとまとめて食べても効果的ではないのです。

1日3回、ごはんを主食としてコンスタントに食べて、動物性食品をおかずとして組み合わせることで、効率的なたんぱく質摂取ができます。朝から肉料理は食べられなくても、ごはんなら食べやすいのではないでしょうか。

みそ汁は、お米の弱点を補う「お助けマン」

肉などと比べてお米のアミノ酸スコアが低い理由は、一部の必須アミノ酸が少ないことが原因です。

そこで、お米と一緒に食べていただきたいのが**大豆食品**です。なんと、大豆と組み合わせると、お米に足りないアミノ酸を補ってくれるため、肉や魚に匹敵する良質なたんぱく源になります。まさに、鬼に金棒です。

日本の伝統的な大豆食品といえば、言うまでもなく**「味噌」**。

大豆が発酵した味噌は、大豆のもつたんぱく質が吸収されやすいアミノ酸になっているうえ、発酵によって元の大豆にない**ビタミン類やアミノ酸が作り出されている点が栄養面で優れています。**

さらにみそ汁として野菜、海藻、キノコなどをたっぷり入れて具だくさんにすれば、さらに栄養価アップです。温かくして食べることで、胃腸にやさしく、消化吸収も高め、腸

図12　こんなにある！味噌のすごい効果

- がん予防効果（胃がんや乳がんのリスク低減）
- 生活習慣病（脳卒中、心臓疾患、糖尿病など）のリスクを下げる
- 認知症のリスクを下げる
- 体内の酸化を防ぎ老化抑制、骨粗しょう症の改善
- 美白作用、美肌作用
- 腸内環境改善、免疫力アップ

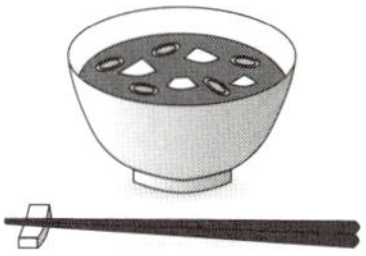

内環境も整えてくれます。

減塩対策の観点から、みそ汁は1日1杯までとされた時代がありましたが、それはもう古い！

研究が進み、味噌にはさまざまな機能性があることがわかっています。**味噌には、「高血圧防止ペプチド」という機能性成分が含まれ、血圧を上げるどころか安定させる作用**があります。

ほかにも、**腎臓から塩分を排出する成分が味噌に含まれる**ことがわかっており、味噌中の塩分は気にしなくて大丈夫です。血圧が気になる方ほど、しっかりと食べてほしい食材です。

私は、**「1日2回以上、できれば毎食みそ汁をとってください」**とおすすめしています。

免疫力をアップし、脳の働きが良くなり、代謝も

上がります。仕事をするうえでも、健康維持の面でも、効果抜群です。

「おかず選び」に労力を割く必要もなし

「品数が多いとバランスがいい」「野菜をたくさん食べれば栄養豊富」と思われがちですが、これは違います。

食事において、いろいろ摂らないといけない、という考え方はもうやめましょう。今日からは、**余計なものをそぎ落としてシンプルにする**、という考え方にシフトしてください。合言葉は、「シンプル・イズ・ベスト！」。仕事や人生にも通じる考え方です。

品数が増えるということは、おかずが増えます。同時に、調味料や油、添加物や化学調味料など、余計なものも増えます。

しかし、**ごはんと具だくさんみそ汁で必要な栄養はかなりカバーされます**。

健康のために野菜を増やそうと考えた場合、野菜料理やサラダを一品増やすのではなく、みそ汁に具材として野菜を増やせば余計な調味料も増えません。

野菜は、生野菜よりも加熱することでかさが減ってたくさん摂りやすくなり、根菜類など生では食べにくいものも簡単に摂れます。

品数が多いと料理をするのが面倒になって、外食やできあいのものが増えがちです。栄養が足りないと思うと、罪悪感が湧いたり、ついサプリメントに頼りたくなります。けれども、**「ごはんとみそ汁」で十分なんだという安心感は、「ストレスオフ」につながります。**

みそ汁がないときは、納豆や豆腐など何かしら「大豆食品」を加えましょう。

つねに変わらない「鉄板のメニュー」さえ決まっていれば、**日によって変化するおかずは、魚、肉、卵などのたんぱく質が摂れる料理を1品だけ（量は少な目）用意すればOK**です。あくまで**おかずは、ごはんをよりおいしく楽しむための「脇役」**として捉えてみてください。

食費は圧倒的におかずにかかっているので、シンプルにすると食費もぐっと減りますし、作る手間も減るので時短になり、体にもいいと良いことずくめではないでしょうか。

図13　簡単！　即席みそ汁の作り方

簡単みそ汁生活のすすめ

時間がなかったり、包丁を使うのが面倒な方は、**冷凍野菜やカット野菜**を活用しましょう。鍋にダシ粉と一緒に、野菜を入れて味噌を溶けば、10分程度でできます。

鍋を火にかけるのも面倒な方は、**ダシ粉（ティースプーン半分）＋味噌（ティースプーン1杯）＋乾燥具材をお椀やマグカップに入れてお湯を注ぐだけで、即席みそ汁**ができます。

ダシ粉は、カツオ節、昆布、煮干しなどを細かな粉末にしたもので、ティーバッグのような形で売られています。袋を開けて中身を使いましょう。

乾燥具材は、ワカメ、切干大根、乾燥野菜（ほうれん草やごぼうなど）、海藻サラダの素、乾燥キノコなど、スーパーの乾物コーナーに売っています。「みそ汁の具」という商品もあります。

職場でのランチなどは、市販の即席みそ汁でもＯＫ！　可能なら、具だくさんにするために乾燥具材をトッピングしてみてください。

DAY 12 食改善ミッション

毎食のごはんに具だくさんみそ汁を加える。おかずは１品（少な目）でＯＫ！

DAY 13

ごはん&みそ汁の朝食で自律神経が安定する！

▼睡眠障害の原因は「朝食抜き」

［太らない イライラしない 疲れない やる気アップ 集中力アップ］

「体温の変化」が1日のリズムをつくっている

DAY10で「1日2合お米を食べましょう」と伝えました。どうですか。続けていますか？

「1日2合」といっても、1日1回や2回の食事で食べるのと、3回に分けるのとでは体の反応はまったく違います。

まとめて食べると、食後に血糖値が急上昇・急降下する血糖値スパイクを起こしやすく、エネルギーが消費されにくくなり、その結果太りやすくなります。**お米がいけないのではなくて、食べ方が悪い**のです。

じつは、**3食のなかで、最も体調の変化を感じやすいのが、朝食にしっかりごはんを食べるケース。**

体質改善の第一歩は、朝ごはんの見直しです。

朝目覚めたときは、1日のなかで最も体温が低く、体がスリープモードになっています。

そこで燃焼スイッチをオンにする役割が、朝ごはんです。

何を食べるかで体温の上がり方、脳への血流量、自律神経への影響に差が出ます。

物理的に温かく、そしゃくを伴い、胃腸をしっかり動かしつつエネルギーに変わりやすいものを選ぶのがベストで、メニューとしては**「ごはんとみそ汁」**です。

このセットを食べれば、食後に体温が上がって体がポカポカと感じるはずです。

朝しっかりと体温を上げると、1日のエネルギー消費がぐっと上がり、やせやすくなります。

臓器にエネルギーがしっかりと供給されるので、代謝機能が上がって、体全体の機能がアップ！　脳機能も向上します。

最近の研究で、**朝食には自律神経と関わりの深い「体内時計」の調節の役割があり、とくに肝臓で脂質の代謝に関与する遺伝子に影響が出る**ことがわかりました（名古屋大学大学院生命農学研究科小田裕昭准教授らの研究）。

一方で、朝起きて何も食べず、ランチの時間まで仕事をすると、体内時計に狂いが生じ、体温がきちんと上がらないまま夜になったり、体温のピークが夜にズレるなどリズムに乱れが生じます。

本来は、16時前後にピークとなり、体温が下がることで、**睡眠ホルモン（メラトニン）**が分泌されて眠りにつきやすくなります。

夜の寝つきが悪い、睡眠が浅くて何度も起きる、朝の目覚めがスッキリしないなど、**なんらかの睡眠障害がある方は、自律神経を整えることが効果的**です。朝のごはんとみそ汁で睡眠の質が変われば、疲れにくくなります。

朝、食べられないのは、前夜に「ごはん」を抜いているから

「朝は食べられないんだよなぁ……」

そういって、朝食をプロテインドリンク、ゼリー飲料、野菜ジュース、ヨーグルトなど液体物で済ます方もいますが、体温の下がっている朝に内臓を冷やす食事は代謝機能を上げにくく、もったいない！

さらに、「バナナ」のように柔らかくて嚙まないものや、せっかくのごはんでも「おかゆ」は、嚙まずに流し込んでしまうため、脳への刺激や胃腸の動きもほとんどなく、自律神経への影響があまり期待できません。これらの液体物、流動食は体調が悪くて食欲がないときや、胃腸を休めたいときの「具合の悪いとき用」、またはどうしても時間がないときの「緊急食」という位置づけです。そう捉えると、日常的に食べるものではありません。

朝の食欲がなくて固形物は食べたくないという人が無理に食べると、だるさを感じたり、調子が悪くなることがあります。

そもそも、パフォーマンスを上げるべきビジネスパーソンにとって、1日の始まりである朝に食欲がないというのが大問題です！

食欲がないのは、胃腸機能が衰えていて、食べ物すら受け付けられない状態です。**「食欲」は健康のバロメーター**ともいえます。おなかが空いて目覚めて、おいしく朝ごはんが食べられる状態をめざしましょう。

朝、食欲がないのにはいくつかの原因が考えられます。

まず、夜の食事がおかず中心でごはんを食べていないというケース。晩酌をするときなどはつまみだけで済ませてしまうという方も多いです。

夜は、太りやすいから炭水化物を抜いたほうがいいという情報が多いのですが、これまで2万人以上に実践してもらった結果、**夜はごはんを食べたほうがいい**という結論です。**おかず中心の食事は、胃の滞在時間が長くなります。**さらに、夜は胃の動きが鈍くなり消化力が落ちるため、消化不良や胃もたれから、朝の食欲不振につながります。

また、寝ているあいだは、動かないからエネルギーを消費していないと思われがちですが、**寝ているあいだも脳は活動していますし、新しい細胞を作る新陳代謝は1日のなかで**

最も活発になります。

夜にエネルギー源となる炭水化物を摂らないと、エネルギー不足で大事な活動がセーブされたり、体温も下がってエネルギー消費が落ちます。睡眠ホルモン・メラトニンの材料にもなるごはんは、夜こそきちんと食べるべきです。

同じ炭水化物でも、**麺類は睡眠の質を悪くする**という研究があります（金沢医科大学米山智子氏らの研究）。**夜の麺類を控えてみてください。**シメのラーメンは最も体に負担があります。

夜に食べてから**寝るまでの時間が短い人ほど、胃腸の負担を減らすためにおかずを控えて、ごはんとみそ汁中心に**してみてください。

朝の食欲がない方は、リハビリ期間が必要です。**1週間、夜の食事をごはんとみそ汁だけにすると、スッキリ快適に目覚めることができて、空腹状態で朝食が食べられるようになります。**

朝は、**「おはよう！　おなか空いた！」**をめざしましょう！

DAY 13

忙しいビジネスパーソンは「おにぎり屋」を活用する

そうはいっても、ただでさえ慌ただしい出勤前に、ビジネスパーソンが毎日、朝食の準備をするのはハードルが高いでしょう。ついつい、抜いてしまうか、コンビニでサンドイッチとコーヒーを買って朝食を簡単に済ませる人も多いはず。

外で食べる朝ごはんとしては、**牛丼屋チェーンの「朝定食」**がおすすめです。温かい状態で食べられるごはんとみそ汁。そして、丼でなく、定食スタイルは茶碗とお箸で食べるので、自然とそしゃくが増え、食べ方としても理想的です。たいてい駅前に店があって便利ですし、しかもとてもリーズナブル！

定食を食べている余裕がない場合は、**おにぎり1つ**から始めてみませんか？

忙しいビジネスパーソンは、朝の通勤時に、おにぎり屋さんに寄りましょう。最近では、駅中にも、手作りのおにぎりを握ってくれる店が増えています。ほとんどのおにぎり屋さんは、おにぎりと一緒にみそ汁も食べられるイートインスペースが備わっているので、積極的に利用したいところです。

早朝でも利用可能！　おすすめおにぎり屋さん

・**おむすび権米衛**……大き目のおにぎりが特徴的。お米はすべて特別契約栽培で、生産者から直接仕入れています。
・**ほんのり屋**……ＪＲ東日本の駅構内を中心に展開。具材が大きく種類も豊富。
・**一等米おにぎり専門店　ぼんたぼんた**……手作りみそ汁と一緒に、握りたてのおにぎりが食べられるイートインが人気。
・**米屋のおにぎり屋　菊太屋米穀店**……大阪発のおにぎり屋さん。完全自然農法でつくられたお米を使用。

コンビニのおにぎりは、保存性を高めるｐＨ調整剤などの添加物が入っているのと、「握りたて」ではないのが残念な点です。忙しいとき、緊急時に上手に活用するのはいいのですが、毎日の食事としては、できるだけ余計なものが入っていないものを選びましょう。

DAY 13

食改善ミッション

朝、出勤前に牛丼屋で定食を食べるか、おにぎり屋に寄る。
夜こそ、ごはんとみそ汁を食べる。

DAY 14

結局、シンプルな定食スタイルがいちばん疲れない

▼パフォーマンスアップと腸内環境の深い関係

太らない　イライラしない　疲れない　やる気アップ　集中力アップ

脳と腸はつながっている！

腸内には多くの神経細胞が存在し、脳からの指令がなくても単独で活動しています。意思とは関係なく、食べ物が入ってくると勝手に動いて消化管からのホルモン分泌を調整していることから**「第二の脳」**とも呼ばれています。

脳がストレスを感じると、おなかが痛くなったり、トイレに行きたくなるのは、自律神経を介して、腸にストレスが伝わるからです。逆に、**腸の不調は、脳機能に悪影響を与え、**

感情面も不安定になります。


このように、「脳腸相関」といわれるほど脳と腸は密接につながっていて、うつ病や認知症にも腸内環境が影響していることがわかってきています。

食欲の感じ方なども消化管から出るホルモンが関与しているので、ストレスを感じたときに、過食が起きたり、食欲がなくなったりということが起こります。

みなさんも体験的に、ストレスとおなかの調子の関係は感じると思います。おなかの調子が悪いと集中力も落ち、パフォーマンスが上がらないことは実感されているのではないでしょうか？

毎日の「お便り」を見て、腸内環境をチェック

口から食べ物が入り、胃で消化され、腸で吸収されて出てくる便は、体内の情報を伝えてくれる「お便り」です。毎日のお便りチェックを習慣にしましょう。

「お便り」チェックポイント

①回数・量

最低でも1日1回。しっかり食べると2～3回になることもあります。1日に**小ぶりのバナナ２本分くらいの量**が目安です。

②色とにおい

善玉菌が多いと黄色に近い黄土色になり、臭くありません。悪玉菌が増えると腸内で腐敗が起こり茶色からこげ茶と色が濃くなり、においもきつくなります。

③硬さと残便感

硬過ぎず柔らか過ぎず、あまり力まずスルッと出て、すっきりしているとよい状態です。

便秘や下痢などでお悩みの方は、腸内環境、胃腸の筋力、自律神経に問題があります。おかずばかり食べる習慣は腸内環境が整いにくく、**ごはんとみそ汁を中心にするだけでおなかの調子が良くなって、驚くほど感情にも変化が現れます。**腸は最大の免疫器官でもあるため、**腸内環境が整えば、風邪などをひきにくくなり、アレルギー症状にもいい変化を感じる人もいます。**

腸内環境には食物繊維がうってつけ

では、どのように腸内環境を整えればいいでしょうか。

腸内環境を整えるには、ヨーグルトなどで乳酸菌を摂るよりも、**食物繊維をしっかり摂ることが大切です。**

腸内にはそれぞれ違う種類の自分の菌が住み着いていて、**「常在菌」**と呼びます。一方、外から食べ物として入ってくる菌は腸内に留まらず、どんどん出ていってしまいます。

腸内を整えるには、外から菌を入れるよりも、常在菌をいい状態にする食物繊維の摂り方のほうが、効果的といえます。

図14　日本人の食物繊維摂取量は減少傾向に

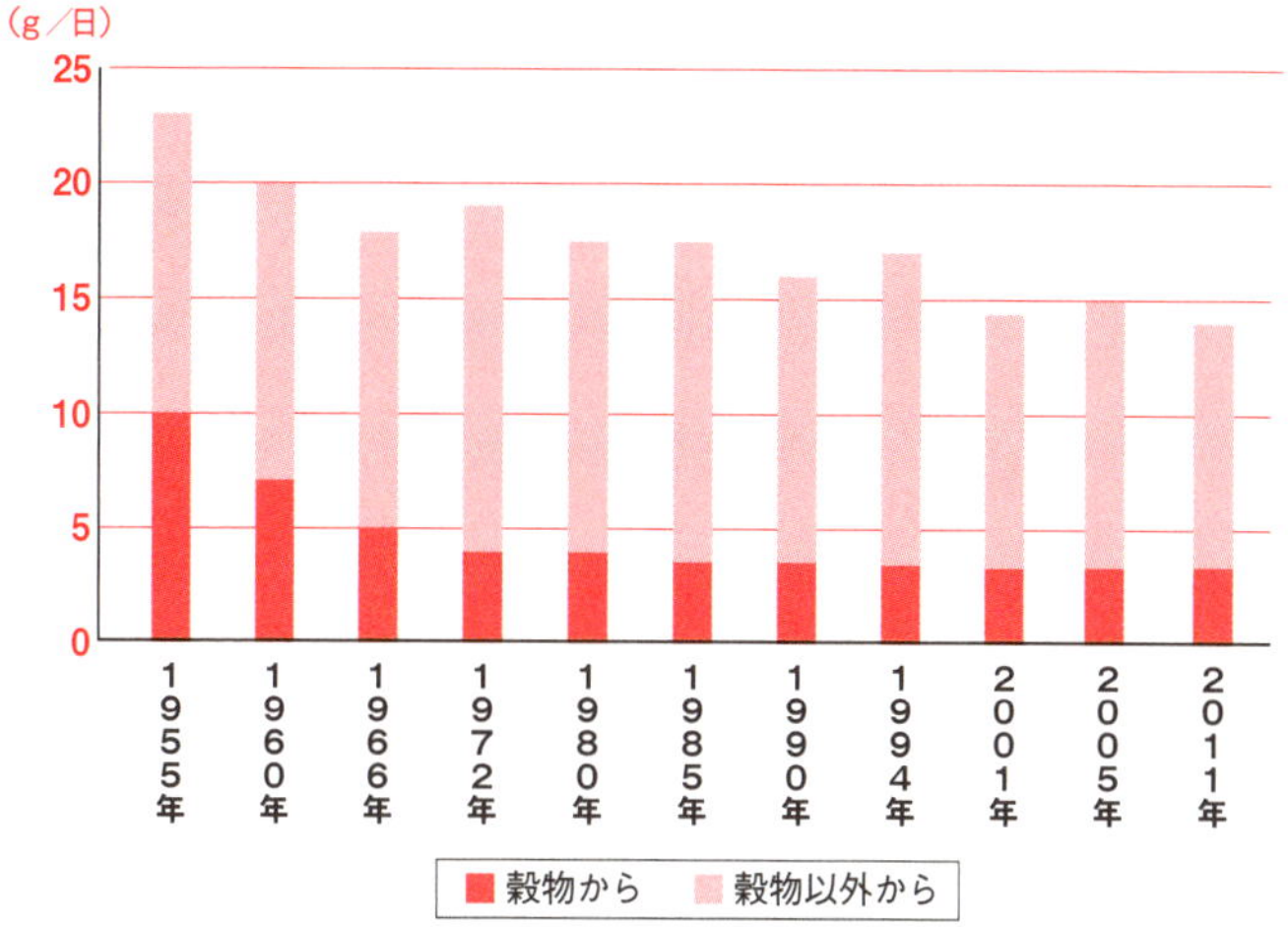

『日本食物繊維研究会誌』（1, 3-12, 1997 改変、国民栄養調査、国民健康・栄養調査）をもとに作成

食物繊維というと野菜のイメージが強いと思いますが、**腸内環境改善効果が高いのは、穀物由来のもの**です。日本人の食物繊維摂取量は年々減っており、とくに穀物由来の食物繊維の減少が目立ちます。

大腸がんや過敏性腸症候群など腸にまつわる深刻な病気が増えているのも、食生活の変化と関係しています。

食事中の食物繊維は、**血糖値の急上昇を抑えてくれたり、余計なコレステロールを吸着して排出してくれたり、腸内を掃除して便量を増やすデトックス効果、免疫力向上**など、重要な役割を担っています。食物繊維が増えると、便の出る量も増えるため太りにくくなります。

食物繊維を多く摂れる「定食選び」のコツ

しかし**カロリーを気にして食事量を減らしたり、糖質制限をすると、食物繊維も摂りにくくなります。**

まずは、**食事の回数と量を減らさない**こと。とくに、**主食のごはんをしっかり食べることがポイントです。**

ごはんには、食物繊維に似た働きをする「レジスタントスターチ」という成分が含まれ、**整腸作用が期待**できます。さらに、可能であれば、**白米に雑穀を加えてみてください。**一気に穀物由来の食物繊維が増やせます。

次にメニューを選ぶときは、できるだけ丼ぶりなどの1品ものではなく、**「定食スタイル」**を意識してください。ごはん、みそ汁、おかず、と複数の料理から食物繊維が摂れます。とくに、みそ汁を具だくさんにすると効果的です。実際のメニューで比べてみましょう。

同じように見える定食でも、ちょっとした工夫で食物繊維量は大きく変わります。

図15

食物繊維量の比較

さばの炭火焼き定食の場合

参考：一般的なさばの塩焼き定食

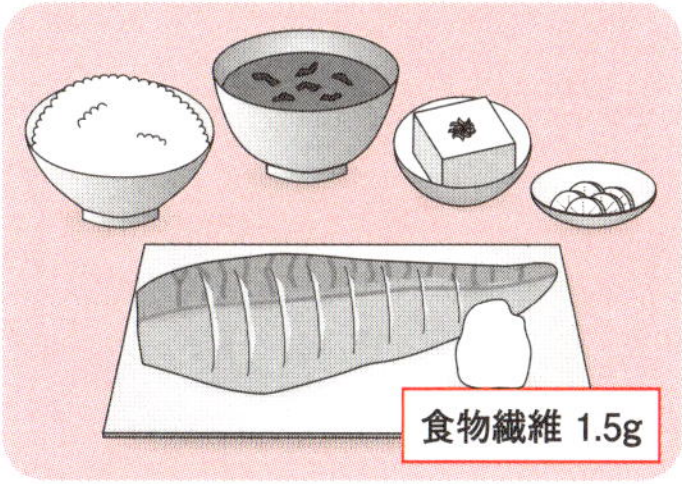

・白ごはん180g	0.5g
・みそ汁（わかめ）	0.3g
・さば塩焼き	0g
・大根おろし30g	0.4g
・小鉢（冷奴）	0g
・漬物（たくわん）	0.3g

1日の食物繊維目標摂取量（18〜69歳）

男性：20g以上

女性：18g以上

日本人の食事摂取基準（2015年版）より

大戸屋・さばの炭火焼き定食

・白ごはん180g	0.5g
・みそ汁（わかめ、おくら）	0.4g
・さば炭火焼き	0g
・大根おろし60g	0.8g
・つけ合わせ（ひじき・わかめ）	2.7g
・小鉢（とろろ豆腐）	0.2g
・小鉢（浅漬け）	0.7g

さらにレベルアップ！

①ごはんをチェンジ

五穀ごはん180g　3.4g（+2.9g）

②みそ汁をチェンジ

麦みそ汁　3.6g（+3.2g）

③ごはんを大盛りに

五穀ごはん300g　5.7g（+5.2g）

食物繊維

①+②⇨11.4g

②+③⇨13.7g

定食屋チェーンの大戸屋さんは、10年ほど前から私がメニューのアドバイスをしており、雑穀ごはんや具だくさんみそ汁を導入してくれています。

また、注文を受けてから手作りすることにこだわっており、**加工品やカット野菜はもちろん、保存料や着色料など余計なものを極力使わない**という姿勢が素晴らしいです。

豆腐を店内で作ったり、かつお節も店で削ったりするなど、ほかのチェーン店では考えられないほど徹底した取り組みをしています。安心して食べられて、もちろんおいしいです。手作りをしている分、注文してから提供まで少し時間がかかりますが、外食の選択肢に取り入れてみてください。

定食は、「順番食べ」ではなく「三角食べ」

「何をどの順番で、どのように食べるか」は、消化吸収や味覚、食欲にまで影響するため、とても大切です。

野菜から食べ始め、おかずを食べてから最後にごはんという「順番食べ」は、定食の場合はNG。これは、コース料理や宴会など、おかずの多いごちそうのときにリセットするための食べ方です（P171参照）。

普段の**定食スタイルの場合は、「三角食べ」**を意識しましょう。

最初は、みそ汁を数口。汁を飲んで口を潤し、胃を温めます。**おだしのうま味で唾液が出やすくなり、野菜や海藻の食物繊維は糖や油の吸収を穏やかにしてくれます。**

そこからはおかずの味でごはんを食べ進めます。おかず一口にごはん二口くらいのイメージで、ごはんの甘みが出るまでよく嚙みます。時々、**みそ汁で口を潤しましょう。みそ汁、ごはん、おかずを三角に箸が動き、同時に食べ進めるイメージ**です。**自然とそしゃくが増え、胃腸が活性化、余計な食欲も抑える理想的な食べ方**です。

DAY 14　食改善ミッション

ランチに定食屋を利用してみる。その際に、ごはんは大盛り＆五穀米にチェンジする。

DAY 14

DAY 15

飲み会・接待は、「ごはん&みそ汁」で乗り越える

▼シメが肝心！　「リセット食」で肝機能も回復

【太らない　イライラしない　疲れない　やる気アップ　集中力アップ】

飲み会続きでも、「ぽっこりおなか」にならない秘訣

接待や出張などで外食が続く日もある――。そんなビジネスパーソンは多いと思います。せっかくのお付き合いですから、楽しみつつ、体調も維持してパフォーマンスを落とさないことが求められます。

しかし、忘年会シーズンなどで、連日連夜、宴会料理が続くと、やはりおなかが出てきます。

よく「ビールが太る原因」と勘違いしている方がいますが、**アルコールそのものではそれほど太りません。**もしあなたが**「ぽっこりおなか」だとすれば、食べ物のほうに原因があります。**

昼を抜いたり量を減らして飲み会に臨むと、おなかが空いていて過食しやすいうえ、吸収率が高く太りやすくなります。血糖値も上がりやすく、危険です。夜は、おかずが多くなるのがわかっていますので、昼はおかずを減らしてごはんとみそ汁を中心にしましょう。

おかずが少なくごはん中心だと、夕方にはおなかが空くと思います。**飲みに行く前、または飲み会の最初に、おにぎり1つくらいおなかに入れてから飲み始める**のをおすすめしています。朝食と同様に、**おにぎり屋さん**を効果的に利用しましょう。

最初に選ぶべき4つの食べ物

おつまみ選びは最初が肝心。次に挙げる4つのキーワードでメニューを選んだら、いったんそこでオーダーストップ。少し食べてから、メインの肉、魚を自由にチョイスしましょう。この順番なら、**油や糖の吸収をおだやかにすることができます。**

おつまみ選びの4つのキーワード

1. ネバネバ……とろろ、オクラ、納豆、海藻類（もずく、わかめ、昆布）、なめこ
2. 豆・豆製品……枝豆、そら豆、いんげん、豆腐、納豆、味噌
3. 色の濃い野菜・海藻……ほうれん草、小松菜、ブロッコリー、アスパラガス、ひじき、もずく
4. キノコ……しいたけ、しめじ、まいたけ、エリンギ

ごはんとみそ汁が、おつまみを「押し出す」役割を担う

終わり良ければすべて良し！ **最後に何を食べるかで、消化のスピードが変わります。**

シメにはできるだけ、ごはんとみそ汁を食べましょう。シメに頼むごはんの分だけその前

のおつまみを控えめにして、おなかに余裕をもたせておくのがポイントです。**炭水化物は肝臓を効率よく動かすためのエネルギーとなり、アルコールの分解処理を早めます。**

ごはんとみそ汁は、遅くまで飲み食いしたおつまみを「押し出す役割」と思ってください。**胃腸をきれいにお掃除して、消化と分解を促進してくれるので、翌朝、スッキリ目覚められるだけでなく、胃が軽く感じられる**はずです。

シメを食べずに寝ると、夜の「おなかぽっこり」は、翌朝も変わりません。ところが、**ごはんとみそ汁をきちんと食べた翌朝は、不思議なくらいおなかがすっとへこんでいます。**

ごはん&みそ汁は体を調整する**「リセット食」**と私は呼んでいます。

お店によっては、ごはんとみそ汁を置いていない場合もあります。そんなときは、**牛丼屋**に入りましょう。牛丼屋なら深夜も営業しているので、遅い時間でも大丈夫。

ここでも選ぶのは、ごはんとみそ汁。どちらも単品でオーダーしましょう。**みそ汁は豚汁やけんちん汁**などの具が多めのものがいいですね。

くれぐれも牛丼にしないように……。

この方法を知っていれば、ごちそう続きや食べ過ぎの夜も、リカバリーできるので安心

図16　理想的な居酒屋メニュー例

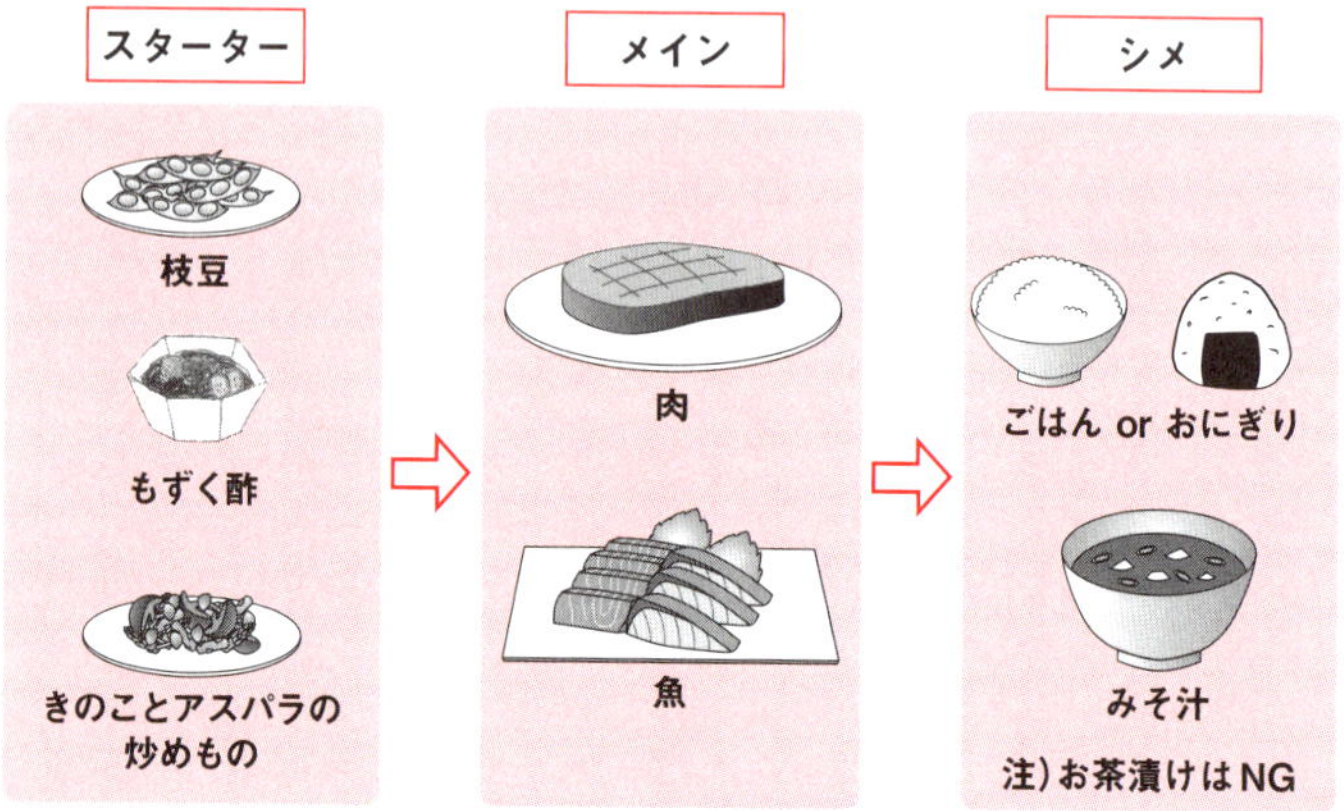

です。

以前サポートした、60代の営業マンの事例をご紹介します。外食中心、しかも接待で飲み会が多い方でしたが、ライフスタイルは変えられないとのことでしたので、できる範囲で実践していただきました。

「朝を抜かず3食食べる」「外食は、麺類を控え、できるだけ定食屋を利用し、おなかがすいていたら、ごはんは大盛りにする」、さらに「飲み会のシメにごはんとみそ汁をオーダーしてほしい」と伝えました。

すると、**わずか2カ月で、100㎝オーバーだったおなか周りが10㎝以上減りました。**

そうはいっても、飲み会の後に、深夜にも

かかわらずラーメンが食べたくなるときもあるでしょう。それはアルコールを分解するためのエネルギーとして炭水化物を体が欲している証拠です。

そういうときは、ガマンしないで食べてしまいましょう。食欲を抑えてストレスを増大させるよりもストレスオフの発想です。**胃腸が正常な状態なら、月に1回程度ならシメのラーメンもOK**です。ただし、翌朝の胃もたれを覚悟してくださいね。

飲んだ翌日、おなかが出ていたり、もたれがあるときは、「リセット食」にしてみてください。

翌日の活力になる楽しい飲み方を

お酒は、飲み過ぎはよくありませんが、肝臓に負担をかけないように上手に楽しむ分には、むしろ健康にもプラスの要素となります。

人とコミュニケーションをとり、楽しく笑いながら食事を摂るのは、ストレスオフに最適で、良い飲み方といえます。**どんな感情で飲むかが代謝に影響する**からです。

イライラした状態で、あるいは不平や愚痴を言いながらストレス発散に飲むお酒は、深

酒になりやすく、体にも負担をかける飲み方です。

さらにいうなら、アルコールの代謝を妨げる添加物や人工甘味料などの余計なものを摂らないように、**質のいいお酒を選ぶ**ことが大事です。缶酎ハイや、糖質オフのビールは避けて、**原材料がシンプルなお酒**を選びましょう。

もちろん、飲み過ぎは禁物ですが、アルコールの分解能力は個人差が大きく、体調によって変わります。翌日にだるさや、もたれが残らない適量をみつけましょう。

私もお酒が好きでよく飲みますが、これまでお伝えしたことを実践しています。

DAY 15 食改善ミッション

飲んだらごはんとみそ汁でシメる。
食べ過ぎたときも次の食事はごはんとみそ汁でリセット。

DAY 16

揚げ物も炒め物も食べてよし

▼「胃腸機能」をアップさせれば、何を食べても大丈夫！

太らない
イライラしない
疲れない
やる気アップ
集中力アップ

「食べる断食」が健康度を上げる！

そろそろ、ごはん中心の食事を実践して、体の変化を実感し始めたころだと思います。**3食ごはん中心に食べていると胃腸機能が改善し、消化力が上がります。**いままでより、おなかが空く感覚はありませんか？

ごはんをしっかり食べると食後はおなかいっぱいで満足感がありますが、胃が元氣に動くようになると、**食べ物の胃内の滞在時間が短くなり、胃がもたれません**。

だから、次の食事の前になると、いままで以上に空腹を感じるようになります。毎日決まった時間に腹時計がグーグーなるようになったら、元氣になった証拠です。

ところが胃の機能が弱まって消化力が落ちてくると、胃もたれを引き起こしたり、腸内環境を悪化させます。**消化吸収を悪化させる原因になるのが、おかず中心の食事とそしゃくの少ない食べ物（液体食、流動食）、そして早食いなどの噛まない食べ方**です。

日本人の体質は、胃の滞在時間が長い「脂質」と「動物性たんぱく質」などの消化が苦手な傾向があります。時々楽しむ分には問題ありませんが、日常的におかず中心を続けているとその負担がじわじわと蓄積し、胃腸以外にも胆のうや膵臓、肝臓、腎臓など多くの臓器に負担をかけてしまいます。この**臓器の疲れが、慢性疲労の元**でもあるのです。

そんなとき、断食などを行なうと体が軽くなったように感じますが、固形物を食べない数日間で胃の筋力は衰え食事量が落ちます。つまり、少ない食事量で動ける「省エネ体質」に。これだとエネルギー消費量が落ちていますので、老後が心配です。

そこで私が提案しているのは、胃腸が疲れたときは、**おかずをお休みにしてごはんとみそ汁だけを数日間食べるという「食べる断食」**という方法です。

脂質とたんぱく質を期間限定で控えることで、消化の負担を減らし臓器を休めつつ、代謝と胃腸の筋力を衰えさせないで機能アップする方法です。1週間から10日で体が軽くなり、食べても太りにくい体に。専門の先生がパーソナルサポートするプログラム（日本健康食育協会監修）も提供しており、**成功率は95％以上**です。

いつまでもおいしく、何でも食べられる体をめざすためにも、まず鍛えるべきは胃腸をはじめとする消化器官です。

適度なたんぱく質、脂質の摂取はＯＫ！

健康を気にすると、油を使う炒め物や揚げ物や肉料理は敬遠しがちです。

でも、食べたいですよね？　食べてはいけないのでしょうか。

ご心配なく。**ごはんと合わせて定食の形でしたらおかずは何でもＯＫ**です。

DAY 16

図17　ごはんとおかずのバランスのイメージ

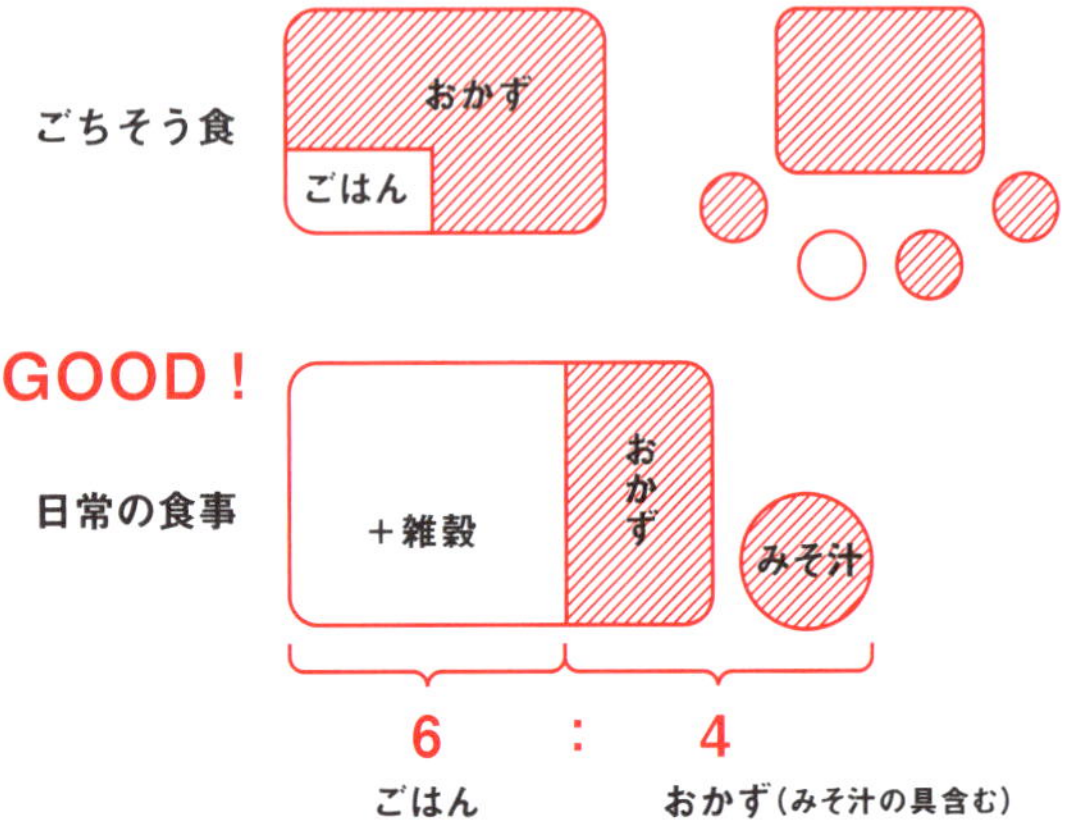

ごはんが消化を助けてくれます。見た目のボリュームで、**ごはん6割、おかず4割くらい**の食事が基本です。ポイントは**おかずを食べ過ぎないこと。**

これを基本にしていると消化力が上がっていきますので、時々、おかず中心のごちそうを食べても大丈夫です。宴会や旅行などでごちそうを食べた後は、DAY15でご紹介した「リセット食」にしましょう。

脂質は細胞膜をつくる役割がある大切な栄養素でもあるので、控え過ぎはいい細胞をつくれなくなり問題です。その結果、**免疫力が低下し風邪をひきやすくなったり、血管が切れやすくなります。**昔の日本人の死因として感染症と脳出血が多かったのは、衛生環境や医療の問題と共に食生活の影響も大きかったのです。

ですから、粗食はおすすめしていません。適度な、脂質やたんぱく質の摂取は重要です。重視するべきは、体の状態、とくに胃腸機能に合わせた食事をするということです。

揚げ物を食べるときは、油の質で見極める

揚げ物を食べる際に注意したいのが、油の質です。

脳の成分の4割はたんぱく質ですが、残りの6割は脂質です。脂質は酸化しやすく、酸化すると有毒な「過酸化脂質」になります。**脳の健康を保つにも、血管を老化させないためにも、体内に過酸化脂質を増やさないことが重要**です。

これには、日常の食生活で**「酸化していない油を摂ること」「抗酸化力のあるものを食べること」がポイント**になります。

外食やテイクアウトで揚げ物を食べる際は、油をこまめに交換しているお店かどうかを

よくチェックしたほうがいいでしょう。

と言っても、それを確認するのは難しいですね。安くて大量に揚げ物を出している店などは質のいい油を使っていることは稀《まれ》ですし、油の交換頻度も低いです。**真っ黒な揚げ油を使っていたら危険**です。コンビニやファストフード、チェーン店などで揚げ物を食べる頻度は減らすのが無難です。

油を酸化させる要素は、光（紫外線）と熱と酸素の3つです。揚げてから光に当たったり、空気にさらされて時間が経過しているものなども、酸化が進んでいる可能性が高いです。スナック菓子やインスタント食品なども、「時々」にしましょう。

揚げ物以外では、工場で大量に加工される食品に多く使われる**「加工油脂」**も健康へのリスクが懸念されます。マーガリンやショートニングにも加工油脂が含まれます。

これらを細かく意識するのは大変なので、いちばんシンプルな方法としては**食べる頻度を減らす**ことです。

これらのほとんどはおかずや嗜好品として入ってくるものです。

おかずを半分にすれば、余計なものも半分になります。ごはんとみそ汁を食べている限

り、**余計なものはほとんど入ってきません。**

日常の加工品の摂取量が少なくなっていれば、たまに食べるときはあまり気にせず食べましょう。細かいことに神経質にならないことも、ストレスオフです。

もう一つ付け加えると、お店で食べるとんかつやから揚げも、あらかじめ工場で衣をつけた状態で冷凍したものを、フライヤーに投入して調理しているケースが多いです。

普通に考えたら、凍った肉を揚げると、肉は堅くなってしまいおいしくありません。冷凍をいきなり揚げたり、チンするだけで、ジューシーな状態のお肉が提供されるということは、何かしらの工夫が施《ほどこ》されているということです。その多くは**添加物の力**です。

ちなみに**先ほど紹介した大戸屋では、注文が入ってからお肉に衣を付けて揚げています。**

外食で揚げ物を食べるにしても、信頼できるお店を選ぶようにするといいですね。

DAY 16 食改善ミッション

油の鮮度をつねにチェック。揚げ物は、安い店で食べない。

DAY 17

野菜の〝ヘルシー幻想〟にご用心

▼残り野菜と根菜類をみそ汁に入れるだけで問題解決

太らない
イライラしない
疲れない
やる気アップ
集中力アップ

「野菜は主役になれない食材」だから、ごはんと食べる

ごはんばかり食べて、野菜は摂らなくていいのでしょうか。

野菜はビタミン、ミネラル、食物繊維などの栄養素を含み、健康維持のために必要です。そのため、ヘルシーなイメージがありますが、どう位置づけるかを間違えてはいけないものです。

まず、**野菜はエネルギー源となる炭水化物、脂質、たんぱく質が少なく、体を動かすこ**

とも体をつくることもできません。

ローカロリーというのは、体温も上がらず、臓器を動かすことも、新陳代謝もできないということでもあります。つまり、**野菜は主役になれない食材**です。エネルギー源となるものと組み合わせたときにさまざまな効果を発揮する重要な役割をするので、あくまでもサポーター的存在です。

カロリーが低いので、野菜だけ食べていれば一時的にはやせるかもしれませんが、エネルギー不足の食事は体を冷やす原因にもなります。だから、ごはんと合わせて食べることが効果的です。

野菜は、時間の経過や加工の過程などにおいて、栄養素や抗酸化力が大きく変動するため、その選び方が大切です。

私は、外食やコンビニでサラダなどの生野菜は無理して摂取する必要はないと考えています。生野菜はかさばる割には量が意外と少なく、種類が偏ります。ドレッシングなどの調味料の摂り過ぎも心配です。

野菜が摂りにくいからと、野菜ジュースを毎日飲んでいるという人もいますが、**濃縮還**

図18　**みそ汁に入れたい具材**

- **色の濃い野菜**…ブロッコリー、ほうれん草、小松菜、インゲンなど

- **根菜類**…………大根、じゃがいも、ごぼう、にんじん、レンコン、里芋など

- **ネギ類**…………たまねぎ、長ネギ、ニラなど

- **キノコ類**………しめじ、エノキ、しいたけ、エリンギ、まいたけなど

元の市販の野菜ジュースは、野菜の代わりにはならないと思ってください。

野菜を食べるなら、根菜類や緑黄色野菜を増やすために**加熱料理を意識して増やしましょう。**

そこで、**野菜はみそ汁にたっぷり入れて食べると、汁に流れ出た水溶性の栄養素も丸ごと食べられます。**

みそ汁ならキノコ、海藻と何でも入れられますし、加熱すると縮むため、サラダに比べて多くの量の野菜を簡単に摂取できます。

また、調味料が味噌だけというのも魅力です。よく噛めるように、具材は大きめに、3種類以上入れたいところです。

「ノンオイル」「カロリーハーフ」表記にだまされない

サラダを好む人が陥りがちなのは、油たっぷりのドレッシングやマヨネーズを大量にかけて食べてしまうこと。野菜の味ではなく、調味料の味で食べています。

健康に気遣って市販のノンオイルドレッシングを使われている方も、安心できません。**市販のノンオイルドレッシングは油を抜いている代わりに、糖分と塩分が普通のドレッシングに比べて数倍多く含まれていたり、味を作るための添加物も増えている傾向があるか**らです。これでは本末転倒です。

カロリーハーフのマヨネーズも同様です。

マヨネーズに使える原材料は、卵と油とお酢、塩、香辛料とシンプルです。それに対し、**カロリーハーフのマヨネーズ**は、本来のマヨネーズには使えないものをいろいろ使うため、マヨネーズという表示ができません。パッケージをよく見ると、どこにもマヨネーズとは書いてありません。**カロリーを落とすために、摂らなくてもよい添加物が増えてしまいま**

DAY 17

す。じつは、健康志向をアピールした商品ほど、通常のものより値段は高いのに、余計なものが含まれているケースが多いことを覚えておきましょう。

私が提案するのは、市販のドレッシングを使わず、卓上で味付けする**「回しがけ法」**。野菜を切って盛りつけたら、上からオイル、酢、塩、こしょうをそのままぐるっと回しかけて、あえるだけ。分量は**オイル２に対し酢１**を目安にお好みで調整してください。

オイルはオリーブオイルやごま油など、酢はワインビネガーやバルサミコ酢だけでなく、レモンやゆず、すだち、グレープフルーツなどかんきつ類のしぼり汁に変えたり、好みで、ハーブ系の香辛料やスパイス類を加えるとバリエーションが増え楽しめます。

調味料はシンプルに、野菜の味を楽しみましょう。

DAY 17 食改善ミッション

野菜は生野菜以外を意識して増やす。みそ汁にたっぷり入れるのが正解。

LESSON 4

運動なしでメタボが改善！

「シンプル」生活習慣術

DAY 18-22

GOAL IMAGE

メタボ対策は、食事だけでも十分改善できる。

「定期的にジムで鍛《きた》えているから、メタボにはならない」と思っていませんか。

じつは、そのイメージは間違いです。

メタボ対策には、「自律神経を整えること」「胃腸力を高めること」を意識する食事で十分。

「食事は体内のエクササイズ」と捉え、ぜひ取り組んでみてください。

DAY 18

カロリーを控えるな、体温を上げよ！

▼食事を控えるほど太りやすくなるメカニズム

太らない
イライラしない
疲れない
やる気アップ
集中力アップ

なぜリバウンドしてしまうのか

DAY10からごはんを食べ続けているあなた。1週間が経ちましたね。

寒さを感じにくくなったり、手足がポカポカしたりという変化はありませんか？

お風呂に入ったときや体を動かしたときに、いままでよりも早く体温が上がって熱くなったり、汗が出ることがあります。そうなっていたら、効果が出ている証拠です。

体温が上がると、体のさまざまな機能が向上します。また、腸内環境がよくなったり、体内酵素やホルモンの働きが活性化します。

私たちの体は食べ物を燃料として燃やすことによって、エネルギーをつくり出し、身体活動しています。エネルギーを生み出すことが生命活動の基本であり、エネルギーがないと、私たちは生きられません。

エネルギー活動のレベルを表しているのが体温といえます。体温は24時間維持されています。36度前後の熱を24時間キープするには、相当のエネルギー量が必要で、体温が高いとエネルギーの消費量も多くなります。ところが、**現代人の平熱は下がってきていて、**とくにメタボ体型の方は、一見体温が高そうに見えても、実際には低い傾向にあります。

さて、朝起きたての体温を測ってみてください。**36度よりも低かったら、代謝が下がっているかもしれません。エネルギー消費も高く、ホルモンや酵素などの体内活動も活発になる体温は、36・5～37・0度といわれています。**

体温が1度下がると、免疫力が30％も落ちるというデータもありますし、何もしていないときのエネルギー消費（基礎代謝）は12～15％も落ちてしまいます。これはとても大きな違いです。

たとえば、基礎代謝が1200㎉の人の体温が1度上がると、144〜180㎉もエネルギー消費が増えます。これを**体脂肪に換算すると1年間で7・5〜9・4kgも減らせる**ということになります。すごいと思いませんか？　体温が上がるだけで何もしていなくてもエネルギー消費が上がるのはお得ですよね。

食事のカロリー表示は、それを食べたときにどのくらいのエネルギーがつくれるのかを示したものです。つまり、燃料の量です。ローカロリーの食事は体内でエネルギーを生み出さず、活動ができません。

エネルギーの消費量は、自律神経によって自動コントロールされていて、カロリー不足を認識すると、省エネモードに切り替わり、エネルギー消費量をぐっと抑えます。

その結果、体温が下がり、臓器の活動が抑えられてしまいます。**これはエネルギー消費が大きな臓器（脳、肝臓、腎臓など）ほど影響を受けやすい傾向があります。**

カロリーを抑えると一時的にやせるかもしれませんが、これが継続すると代謝機能が確実に低下し、長い目で見たら、やせにくい体になります。こうなると、どんどん食べる量を減らさなければやせなくなりますが、食べる量が減っていくのは危険です。

糖質制限をしてダイエットに成功したからといって、食事量を戻してしまうと、代謝が下がったままなので、太りやすくなるのです。筋肉が落ち、体脂肪は増えて、どんどんやせにくくなります。これが、ダイエットするほど太りやすくなる、**「リバウンド」の原理**です。

40代になったらお米を食べなさい

ところでなぜ、メタボ健診は40歳からなのでしょうか？

それは40歳からメタボが急増するからですが、ではなぜ、40歳になるとメタボになる人が増えるのでしょうか？

それは、**基礎代謝が落ちる速度が加速するから**です。特別に筋トレなどをしていないと、筋肉もどんどん落ちていきます。その結果、太りやすくなるため、中年太りが増えます。

若いときは、代謝も活発で、胃腸機能も高いので、おかず中心の多少バランスが悪い食事をしていても、ちょっと食事を減らせば体重も戻せたと思いますが、40代以降は、それでは通用しません。人によってはもっと早く代謝機能が低下するケースもあります。**「食事量を控えてやせる」が習慣化している人は、代謝機能が落ちてしまうので、人生の後半にいくほど太りやすくなる**のです。

ではどうすればいいか。食べる量でコントロールするのではなく、バランスを変えてコントロールするのです。**食べる量そのものは減らさず「おかずを減らして、その分ごはんを増やして、バランスを整える」**。これだけでOKです。

40代を超えても健康的な体型を維持している「やせの大食いタイプ」の人は、いつもしっかり食べているから代謝が高くて太りにくいのです。

人間は年齢とともに代謝が下がっていくので、いままでと同じ食事をしていたら当然、太りやすくなります。かといって、何かを制限する食事は体力を落とし、将来寝たきりのリスクが高まることを覚えておきましょう。

DAY 18

DAY 18

食改善ミッション

あなたが40歳以上なら、すぐに体質改善に努める。

DAY 19

食事は運動だ！

▼しっかり食べないと、運動しても結果は出ない

腹筋よりもごはんを食べるほうが効果アリ

太らない
イライラしない
疲れない
やる気アップ
集中力アップ

「運動していないからやせられない」と思っている人が多いのですが、この思い込みはとてももったいない。逆に、**運動をしていても「ちゃんと食べていないとやせられない」**ということを知ってください。

アスリートの食事サポートで多い相談は、「やせられない」または「太れない」という「体重コントロール」に関することです。一般人とは比べ物にならないほど運動している

のにやせられないというのは不思議ではありませんか？

私は、ボクシング世界チャンピオンを数人サポートしてきました。

これまでボクシング界では食べない減量をする選手がほとんどでしたが、体がボロボロになり、きつくなります。減量だからといって食べていないと体重が落ちなくなってしまい、苦しむのです。きちんと燃料を入れないと、体がどんどん省エネモードになり、消費しないで溜め込むようになります。これは生きていくために必要なメカニズムです。

しかし、**これまで食べていなかった選手がしっかり食べ始めると、体力がつき筋力もアップし、メンタルが安定するので、集中力も上がってどんどん強くなります。**

女子プロボクサーの藤岡奈穂子選手は、世界5階級制覇という偉業を成し遂げていますが、43歳で現役世界チャンピオンという超人です。彼女を支えているのが、私が提案しているごはんをしっかり食べる**アスリート向けの食事法「食アススタイル」**です。

食アススタイルは、ごはんの食べ方一つで減量も増量も簡単にコントロールできるだけでなく、体調が良くなることと、精神面の変化が最大のメリットだと思います。

実際に多くのアスリートが、食アススタイルが体のあらゆる機能を上げるという事実を

COLUMN　胃腸を鍛えれば、見た目も変わる

胃腸はほとんど筋肉でできており、体の最も中心にある筋肉です。胃腸の筋肉は、自分の意志では動かせない不随意筋というものですが、食べ物が入ってくると勝手に動きます。**胃腸の筋肉は食べることでしか鍛えることができません。**胃腸を鍛えると内側から腹筋が鍛えられ、引き締まります。体の軸が安定し、**体幹が強化されるので、体の重心が変わり、猫背なども改善し、姿勢が良くなるので、見た目の印象が若々しくなる人が多いです。**腰痛などが改善するという声も多いです。

実証してくれています。

ごはんは炭水化物のなかでもエネルギーに変わりやすく体温が上がるため、消費エネルギーが大きくなります。**何もしない状態で消費が上がっていると、運動をしたときの消費もさらに大きくなるので減量には効果的**です。とくに、内臓脂肪が効果的に燃えるため、**体脂肪も減り、おなか周りが引き締まります。**エネルギー循環がいいと、疲労回復も早くなり、新陳代謝も活発になるので筋肉がつきやすく、怪我の予防にもなります。

ごはん食で胃腸機能が上がると、体内で大きな変化が起こります。

食事からの栄養素の吸収が良くなること、

そして腸内でのビタミン産生量が増えることで、代謝が活性化するのです。その結果、食べても太れなかったガリガリタイプの人が増量に成功し喜ばれます。**たんぱく質量は増やしていないし、トレーニング方法も変えていないのに筋肉量が増えることが多く、効果的です。**

とくに**腹筋の変化は大きく、**いままで必死に腹筋トレーニングをしても腹筋が割れなかった人が、**トレーニングなしのごはん食でぐっと引き締まります。**

成功の秘訣は、その人に合った食べる量と食べ方です。一般的に普及しているプロテインは、胃もたれしやすく、肝臓や腎臓に負担をかけることから、疲れやすくなる傾向があります。実際に、長くトップレベルで活躍するアスリートは、プロテインを摂らない人が多いです。

やる気が出ないのは、エネルギー不足のSOSサイン

食事を変えたときの変化は、体重や検査値の増減などの数値変化や体形の変化など、目に見える変化があるとわかりやすいのですが、**実際に「疲れない食事」を実践した人が違**

いを大きく感じるのは、メンタルや体調など見た目ではわかりにくい部分の変化です。

食事を変えて1週間から10日程度の短期間で、顔つきや印象まで変わる人も珍しくありません。自分では変化に気づきにくいのですが、周りから**「最近元氣そうね」「なんかいいことあった？」**と聞かれたり、体重は減っていないのに**「やせた？」**と聞かれるという声をよく聞きます。

ごはんをしっかりと噛んで食べることは、そしゃくというあごの運動、胃腸の筋トレ、消化器官の活性化、脳と自律神経への刺激と、**体の内側を大きく活動させるエクササイズ**と言えます。

体内がしっかりと動いて必要なエネルギーが満たされると、脳機能と代謝機能が安定します。そしゃくが増えると脳への刺激が増え、自律神経も活性化します。すると、イライラしなくなる、不安感がなくなる、物事を前向きに捉えられるようになる、人に対して優しくなれる、など感情面に大きな変化が現れるようです。

そもそも、体が疲れていると、やるべきことがあっても面倒くさいなと感じたり、ちょっとしたことにイラッとしてしまったり、気持ちが後ろ向きになりますよね。

「やる気が出ない」というのは、気合が足りないとかモチベーションの問題以前に、エネルギー不足や疲労蓄積のSOSサインとして**「いまは動かないで」**という体からのメッセージでもあるのです。これを無視して頑張ろうとすると、どこかで糸が切れてしまったり、反動が来て健康を損《そこ》ねてしまいます。

エネルギーの不足や栄養バランスの崩れ、臓器疲労は、大きな身体的ストレスになります。

余計なものをそぎ落として、シンプルな食事を継続することは、ストレスとの付き合い方を考えるうえでも、効果的といえます。

DAY 19 **食改善ミッション**

食事は運動だと心得る。
体内をしっかりと動かし、熱の生まれる食事をする。

DAY 20

意識を向けるだけで、通勤がトレーニングに変わる！

太らない
イライラしない
疲れない
やる気アップ
集中力アップ

▼多忙な人の運動習慣は死のリスク

突然死のトップは、ランニング

多忙でも早起きしてランニングをしたり、筋トレに励んでいるビジネスパーソンも多いでしょう。最近はマラソンブームもあって日本のランナー人口は１０００万人を超えるといわれ、日常的にランニングをする方が増えています。仕事のできるビジネスパーソンほど、タイムで結果がはっきりと出るうえに達成感が大きく、アドレナリンにより興奮状態になるマラソンはクセになります。

朝早く起きられる意志の強さや健康意識の高さは素晴らしいと思うのですが、じつはそんなストイックさには**「落とし穴」**があります。

ランニングは、体への負担も大きく、運動中に突然死する運動のトップに挙げられます。その多くは早朝に起こっているのも注目すべきところ。

次に突然死が多いのは**ゴルフ**です。35～65歳の働き盛りの年代がゴルフ人口のピークといわれます。忙しくて日常的には運動ができないけど、たまのゴルフが体を動かす機会という方も多いでしょう。しかし、**残業や接待で疲れ、日ごろは運動不足、食生活も偏っていて、慢性的な疲労状態という方が、休日に早起きしてゴルフに行き、プレー中に突然死をしています。**年間200人もいるというのは驚きです（元聖マリアンナ医科大学、吉原紳助教授推計）。

「適度な運動」は体に良いといえますが、リスク要因（ストレスや疲労の蓄積、睡眠不足、栄養の偏りなど）があるなかでの運動は、命すら危ないといえます。

過度な運動は死を早める

運動の健康効果については世界中でさまざまな研究が行なわれていますが、共通しているのは激しい運動は寿命を短くするということです。ウォーキングやサイクリングなどの運動でも**「毎日欠かさずやる人」ほど、心臓病や脳血管疾患のリスクが高くなります。**

ひざや腰を痛めながらマラソンをしている人もいますが、歳を取ったときにまともに歩くことすらできなくなるかもしれません。

運動は、筋肉をはじめ体内の細胞を壊し、栄養素を消耗し、呼吸が増えることで活性酸素を大量発生させるなど、マイナス面もたくさんあります。

頻度が高かったり、ハードに行なうほど病気や老化のリスクが高くなるのです。運動後、しっかり回復させるだけの食事と休養がとれる環境でなければ、危険です。**ただでさえ忙しく、休息の少ない人は、運動のし過ぎに注意**です。

健康長寿のお年寄りに、特別な運動習慣のない人が多いというのも頷けます。

運動をするときは、休養と栄養面も踏まえて行ないましょう。

DAY 20

おすすめは日常の活動をエクササイズ化すること

そもそも運動する時間がない、運動をしたら睡眠時間が短くなるという方には、**「日常活動のエクササイズ化」**がおすすめです。

通勤や食事、入浴などすべての行動がエクササイズ化できます。

通勤の場合なら、片道5分ほどでも十分です。

歩くときに、まずは**姿勢が大事**です。背筋を伸ばし、おへそを引っ込めるようにおなかに力を入れ、歩幅大きめで速めに歩きます。このとき、ただ歩くだけではダメです。**「いま、自分は運動している」「体にいいことをしている」**と意識しながら歩くのです。

脳と筋肉は連動しています。無心で歩いているだけでは、残念ながら、運動効果はほとんど得られませんが、**「エネルギーが消費されている」「筋肉を動かしている」**などとイメージしながら歩くと、**いままでよりも体温が上がり、エネルギーの消費が増え、筋力アップ効果も上がることが証明されています。**

図19　**通勤時のウォーキングが肥満予防に効果大**

運動を意識すれば燃焼力アップ！
これは運動だ！
エネルギーが
消費されてるゾ！

満員電車に揺られているときもチャンスです。意識的に、腹筋やお尻に力を入れて、姿勢よく立つようにしてください。それだけで、**体幹の筋肉は刺激され、燃焼力が上がります。**

普段から外回りをしている方なら、かなりの運動量ですし、週に1～2回ジムでまとめて運動するよりも効果的です。**時間が短くてもこまめにちょこまか動くほうが、運動効果が高くなります。**

毎日必ず行なう行動をエクササイズ化したほうが無理なく長続きします。コピーをとる、トイレに行く、ランチに出るなども意識次第です。

何より時間もお金もかかりません。ビジネスパーソンたるもの、同じ行動をするなら、効率よく成果を上げられる方法を選びましょう。

もっとも、40代以降は、筋肉量が落ちた分を補う目的の**「軽い筋トレ」**は積極的に取り入れるべきです。柔軟運動やストレッチ運動もおすすめです。血液の循環が良くなり、老廃物を排出しやすい体になります。このとき、自己流で行なうよりも、プロのアドバイスをもらって行なうと短い時間で効果を上げられます。


最後に食事法の観点でアドバイス。

「今日はちょっと体を動かし過ぎだな」というときは、胃腸も疲労しています。そういうときの食事のコツは、**消化の負担の少ない食事にすること、運動で酸化した体内を還元するために抗酸化力の高いものを食べてリカバリーに努めること。**

加工食品や酸化しやすい揚げ物はできるだけ避け、抗酸化食品（新鮮な野菜、果物など）を摂るようにしてください。とくに**鮮度管理された質の良い雑穀**（P135）はおすすめです。


健康管理は一生かけて行なうものです。何十年か先の老後まで元氣でいるために、無理

本では伝えきれない情報や
登録者限定セミナーやキャンペーンなどお得な情報も！

- ✓ かんたんで具体的な日々の食事法
- ✓ より効果的な運動の秘訣
- ✓ 柏原ゆきよの個人的な話
- ✓ このような理論に行きついた裏話　など

柏原ゆきよの
公式メルマガ

登録無料

メルマガの９通目で、**「うまくいかない人の共通点」**
レポート（PDF）をプレゼント！

柏原ゆきよの講演、セミナー、イベント、メディア情報は
公式HPをご覧ください。「柏原ゆきよ」を検索！

柏原ゆきよ　　**検索**

※公式HPからもメルマガにご登録いただけます。

なく継続できる方法を選んでください。

DAY 20 食改善ミッション

通勤のエクササイズ化は可能。体にいいことをしているという意識をもって行なうこと。

DAY 21

とにかく、嚙む、嚙む、嚙む！

太らない
イライラしない
疲れない
やる気アップ
集中力アップ

▼そしゃくが脳を変える！　代謝を上げる！

理想は20分以上かけて食事をすること

食事をする際に、必ず意識してほしいことは、**食べるスピード**です。

働き盛りのビジネスパーソンを見ていると、ほとんど嚙まずに、かっ込むように食事をする姿が目立ちます。これは、スピード違反です。「早食い」は血糖値を上げてしまうだけでなく、つい**食べ過ぎてしまい**。**肥満の原因になります**。

未消化な状態で、唾液とも混ざらずに胃腸に入る食べ物は、胃の負担となり、腸内環境を悪化させます。**ビタミン、ミネラル、たんぱく質の吸収率が悪くなり、食事の効果が半減します。**食べ物の質やメニューにこだわっても、食べ方が悪いと台無しなのです。

噛むことのメリットはこんなにあります。

1. ストレスが減退する

そしゃくは視床下部に刺激を与えます。それが胃腸を動かすスイッチとなり、副交感神経が優位になります。**腸内環境にも作用し、ストレスを撃退するセロトニンを分泌させます。**

2. 太りにくくなる

よく噛むことで、脳に刺激がいくと、**「おいしい」「味わった」**と認識し、満足感を感じます。これは食欲を抑える働きがある「レプチン」と呼ばれるホルモンが分泌された証拠。**余計な食欲を抑制し、過食防止につながります。**

DAY 21

3．エネルギー消費量が増える

東京工業大学大学院社会理工学研究科の林直亨《はやしなおゆき》教授らの研究によると、早食い時に比べて、**ゆっくり食べるほうが食後のエネルギー消費量が増加する**ことが明らかにされました。良く噛んで食べると、食事のときにより体が熱くなる感覚があると思います。そしゃくの違いによって、このエネルギー消費量が1年間で体脂肪に換算すると**約1・5kgの差**に相当するというから大きいですよね。

4．胃腸の働きが活発になる

固形物をそしゃくして食べると、胃腸の動きが活発になり、筋肉が鍛えられます。**そしゃくが胃腸を動かす「スイッチ」として働き、顎《あご》をしっかり動かして食べることで、胃の機能が活発になる**のです。疲れにくい体をつくるには、胃腸機能を元氣に保つことが不可欠であり、そしゃくが大きな役割を果たします。

5．免疫力が上がる

噛めば噛むほど、唾液が分泌されます。逆に、噛まないと唾液はほとんど出ません。**唾**

液には、免疫機能や殺菌作用があり、風邪やインフルエンザ、肺炎などの感染症、虫歯や歯周病の予防、口臭を防ぐなどの作用があります。がんや生活習慣病の予防にも有効といわれています。

6．脳機能活性化、自律神経が整う

そしゃくは脳への刺激が大きく、自律神経を司る視床下部を活性化します。

また、**そしゃくによって脳の血流量が増えることが確認されており、定期的な食事で刺激を与え、脳の血流を促進することは、脳の機能維持に大きな影響をもたらし、反射神経、記憶力、判断力、集中力に良い変化が期待できます。**

7．肌の調子が整い、顔が引き締まる

唾液の中には、「若返りホルモン」と呼ばれるパロチンが含まれていて、それが細胞の新陳代謝を促します。

そしゃくは顎の運動です。食べているときは口の中で舌が大きく動いていますが、舌の筋肉は奥のほうからつながっています。**噛むと頭のてっぺんのほうまで筋肉が動き、顔の**

血流が増えるため、血色が良くなり顔色や肌ツヤが良くなります。顎のラインが引き締まって、二重顎やほうれい線も目立たなくなることで、顔の印象が変わります。

8．老化防止に効く

パロチンが細胞の新陳代謝を促し、肌や筋肉、骨を活性化させ、体の内側から若返らせます。

忙しい日本人は、どんどん食事時間が短くなっています。まさに〝日本国民総早食い現象〟。

噛まずに早食いし、さらには、噛まなくても食べられる簡単なものや柔らかいものが増えているというのも大きく影響しています。結果として、唾液量の少ない人が増えています。

目安としては、**定食だったら最低20分、できれば30分を目標に食べてほしい**ものです。**5分10分の食事は食べたうちに入らない**と思いましょう。

人間には、味を感じると飲み込むという反射機能があるため、味の濃いものはすぐに飲み込んでしまいます。その点、**味つけをしないで食べるごはんは、よく噛むほどに甘みと旨味を感じるのでそしゃくを意識しやすい**というのが魅力です。

一方、麺類はツルッと丸飲み状態ですし、柔らかいパンもほとんど噛んでいません。

ごはんでもメニュー次第で食事時間は変わります。丼物やカレー、炊き込みご飯など、ごはんに味がつくと早食いになります。お茶漬やおかゆも流しこみます。

ごはんとおかずが別盛りで、おかずの味でごはんを食べ進めるという定食スタイルは、理想的なスタイルといえます。

唾液には味を感じやすくする働きもあります。よく噛んで食べる習慣がつくと、素材の味を感じやすくなり、食事がますますおいしくなるという「幸福感」もついてきます。

DAY 21

食改善ミッション

早食いは今日からやめる。時間を計って1食20分以上かけて食べる。

DAY 22

サプリメント、エナジードリンク、プロテインで健康被害続出の現実

▼長期の摂取は体の機能を衰えさせる

太らない
イライラしない
疲れない
やる気アップ
集中力アップ

元氣な高齢者ほど服用しない矛盾

ビジネスパーソンのなかには、外食中心でお酒も多く栄養が足りない不安から、サプリやエナジードリンク、プロテインなどで栄養を補っている方が多いのではないでしょうか。

はっきり、言いましょう。**ここまで本書で紹介した食事法を実践した人には、サプリメントは必要ありません！**

サプリメントやプロテインは、健康効果ばかりがアピールされ、摂るほどに健康になるイメージがありますが、**健康被害が多い**という現実があります。本人が気付いていないケースも多く、表面化しにくいのも問題です。

私は、前職でサプリメントや健康機能食品の研究、商品開発、お客様サポート、マーケティングに携《たずさ》わり、サプリメントの実態に愕然《がくぜん》としました。

多少健康効果が期待できたとしても、リスクがあるとしたらそれは本末転倒です。実際に、**健康長寿の方でサプリメントを摂っている人はほとんどいません**。

私自身も一切摂らなくなりましたし、食事のサポートをする方にもやめていただくことがほとんどですが、そのほうが、圧倒的に体調がよくなります。

近年、続々とサプリメントの効果とリスクについての研究が明らかになっています。

ビタミンサプリメントの摂取は大半の人では必要なく、それどころか、年配女性では死亡リスクが高くなる恐れもある、と米国医師会の内科専門誌に研究結果が発表されました（2011年）。

日本でも国立がん研究センターが米専門誌に、生活習慣とがんや心臓病との関係を調べる疫学研究結果を発表し、**週に1日以上、最低1年間、何らかのビタミンサプリを摂取した女性は、まったく摂取したことのない女性に比べ、がんになるリスクが17%高かった、**というのです。

さまざまな研究でその危険性が指摘されているにもかかわらず、それがあまり知られていない理由は、シンプルです。**サプリメントはビジネスとして儲かる**からです。

2017年度の健康食品・サプリメントの市場規模は、1兆5千億円を超えています。ヘルスケアフーズと合わせると、2兆6千億円以上と、年々、拡大しています。

メディアにとっては、大きなスポンサーでもあるため、サプリメントのリスクが大きく扱われることはありません。

サプリメントの摂り過ぎは、なぜいけないのか

健康に良いとされる栄養素をサプリメントとして摂ることと、その栄養素が含まれる食品として食べることは、意味が違います。

栄養素は連係プレーをしています。特定の成分だけを摂るとバランスが崩れ、ほかの栄

養素の働きを悪くすることがあります。また、食品中には多くの成分が含まれ、相乗効果や副作用を抑える効果でバランスをとっています。特定の成分だけを取り出すと効果も高いかもしれませんが、副作用も現れるのです。

緑黄色野菜に多く含まれ、抗酸化成分であるβカロチンを、サプリメントでたくさん摂ると肺がんリスクを上げることなどがよく知られています。ほかの栄養素についても同様のエビデンスは多く出ています。

サプリメントの問題点は、通常の食品では摂れない量の成分が体に一気に入ってくること。体に必要な栄養素であっても、摂り過ぎは「毒」になるということです。何事も適量、バランスが大事です。サプリメントは、きわめて加工度が高い人工的な食品であり、究極的に偏った食品であるといえます。

本来、栄養を吸収するためには、胃腸が頑張って活動する必要があります。それが、胃腸の筋力とその機能を維持することになるのです。ところが、大量の栄養が簡単に吸収できる形で送り込まれると、楽ですから胃腸は頑張らなくなります。

それを続けていると、体はどんどん怠《なま》け、消化吸収をサボるようになります。吸収する力が弱くなるということは、生きる力が衰えているということです。結果的に、胃腸の衰え、免疫力の低下、脳機能の低下につながり、老化を促進させます。

人は自分の口で食べ物をそしゃくし、胃腸を動かすことで、脳をはじめとするあらゆる機能を保っています。介護の現場で、**自分の口で食べられなくなり、栄養剤を流し込むようになった方が驚くほどの早さで衰えるシーン**をたくさん見てきました。

栄養を効率よく簡単に摂取することで健康になるのではなく、「体の機能を維持すること」が大切なのです。

つまり、多少栄養が足りなくても、**噛む力と胃の筋力を鍛え、腸内環境を良くすれば健康でいられます。**

プロテイン信仰の危険

「プロテイン」といえば、トレーニングをする一部の人たちが摂るものでしたが、最近では女性やこどもまで一般の人が健康や美容のために摂る身近なものになっています。**プロテインも非常に加工度が高い食品であり、可能な限り摂らない**ことを私はご提案しています。

たんぱく質は体をつくるうえでとても重要な栄養素ではありますが、摂り過ぎは腎臓や肝臓に大きな負担をかけます。もともと日本人はたんぱく質がそれほど多くない食事を長年しており、たんぱく質の消化吸収が苦手な体質です。欧米人とは違うのです。

体に合わない食事は、健康にはつながりません。

私がアスリートの食事サポートをする際は、まずサプリメントとプロテインをやめることから始めてもらいます。少し前までは、アスリートはサプリメントを摂る選手がほとんどでしたが、最近はその流れが変わってきました。

世界のトップの一部は、サプリメントやプロテインをやめ、食事だけにする選手が増えてきています。サプリメントは摂り始めたときは、体内の栄養素が増えて調子が上がるのですが、**継続しているとかえって調子が落ちたり、怪我が増える**ということが知られてきたからです。

メーカーがスポンサーについていることが多いので、表立っては出てこない情報です。

ただ、サプリメントをたくさん継続的に摂取していた人がやめると、これまで大量に入ってきていた栄養素がこなくなるので一時的に栄養失調状態となり、吹き出物が増えたり、だるくなったりと不調を感じる「離脱症状」が出ますが、これは一時的なものです。

自力で消化吸収する力を取り戻すために、ごはんとみそ汁中心のシンプルな食生活を実践してみてください。それまで摂っていた量や期間などによって改善のスピードに個人差がありますが、**抜け切るのには3カ月**が一つの目安です。

気にするのは体重ではなく、見た目(サイズ)の変化と体調

健康管理に体重だけを指標にするのも禁物です。

毎日、律儀に体重計に乗り、**体重の変動に一喜一憂する人がたくさんいますが、不要なストレスを増やしているようなもの。**体脂肪による体重増加は「太った」といいますが、筋肉や水分が増えて重くなったときは太ったわけではありません。でも、体重計だけを見

ているとなにが増えたのかはわかりにくく、重くなると気になります。

たとえば、ペットボトルの水1本（500㎖）飲めば、500g体重が増えます。では、単純に「太った」といえるでしょうか。水が体内に入っただけで、トイレに行けば減ります。**日々の体重変動は食べ物の重さと排便や汗や尿などの水分の出入りによるもので、太ったわけではありません。**もっといえば、**体重計には乗らなくていい**くらいです。

そもそも、体脂肪は1日で体重計に表れるほどの量が増えることはありません。それに、筋肉や骨は脂肪よりも重いのです。だから、**筋肉が多く引き締まっている人ほど見た目より体重が重く、同じ体格の場合、体脂肪が多い人は体重が軽い**のです。

体重の数値に振り回されるのがいかに無意味か、おわかりいただけましたか。

もしあなたが周囲から「スリムな人」と言われたいのなら、**ごはんとみそ汁生活で体重よりも見た目（サイズ）を引き締めることをめざしましょう。**

ごはんを増やすと少し体重が増えることがあります。これは、体内の水分量が増えることが原因です。ただ、2kg以上増える場合は、食べ方が間違っている可能性がありますので、見直してみてください。

DAY 22

運動はしなくてＯＫ。サプリはいらない。体重を気にしない……。過激なことを言っているようですが、本来の日本人はこうした生活を送り、健康を維持してきたわけです。現在の常識が必ずしも、正しいとは言えないということに気付いたところで、ＬＥＳＳＯＮ４を終わりにしましょう。

DAY 22 **食改善ミッション**

サプリメントはリスクも伴うので注意。
栄養不足のリスクをあおる情報に不安にならないこと。
サイズや体型の変化に意識を向けよう。
体重計に乗らずに、自分の体の力を信じよう。

LESSON 5

できるビジネスリーダーが実践する

「脳が喜ぶ」食習慣術

DAY 23-26

GOAL IMAGE

食事は、お金ではなく時間を投資する

普段の食事は、シンプルにすることで手間をかけず、余計な情報に振り回されないこと。シンプルな食事はコスト削減になります。その分、「ハレの日」は豪華なものを食べたり、質にこだわってみるなど、食事を楽しみましょう。

DAY 23

たまには、思いきり贅沢して、好きなものを食べたほうがいい

▼週2回の外食がストレスオフに

太らない　イライラしない　疲れない　やる気アップ　集中力アップ

たまに食べ過ぎても太らない

LESSON5では、みなさんのビジネスにより良い影響を与える食習慣をいくつかお話ししたいと思います。ここまで読み進めてきた方は、ごはん中心の食事に慣れてきたころでしょう。徐々に効果を実感しているかもしれません。

しかし、これまで紹介したごはん中心の食事だけを毎日続けていては、息切れしてしまいます。また、単調な食事だとつまらないですし、変化は大事です。

そこでたまには、贅沢な楽しい食事を組み込んでください。洋食だったり、好きなだけお肉を食べたり、揚げ物などそのとき本当に自分が食べたいものを食べる。バイキングやコース料理でも構いません。

思わずテンションが上がる楽しい食事を組み込み、シンプルで楽な日常とのメリハリをつけることが、ストレスなく継続するためのポイントでもあります。

行ったことのない店に行ってみる、普段食べない食材や料理を食べてみるなど、なにか好奇心を刺激する新しいことにチャレンジしてみましょう。

普段がシンプルだと、**週に何度かカロリーが増えたり、多少食べ過ぎる食事をしても、胃腸機能がいい状態なら太りません。**食べたいものをガマンするのは、ストレスの元になります。ストレスを溜め込むほうが、体に悪影響をおよぼすのはいうまでもないでしょう。

できるビジネスパーソンが取り入れている食生活のメリハリ

食には、健康のためだけでなく、豊かさや楽しさの観点も大事です。LESSON1で述べたとおり、せっかくのご馳走を目の前にしても、「体に悪そう」「太りそう」と罪悪感を抱きながら食事すると、体は「悪いものが入ってくる」と認識し、ストレスを感じます。毎日食べるものでなければ、影響も限定的ですから、多少体に悪そうなものでも楽しんで食べたほうがリスクを軽減できます。

溌剌《はつらつ》さを失わず、モチベーションを維持しているビジネスパーソンほど、息抜きも兼ねて、**「自分へのご褒美」**をうまく取り入れています。

モチベーションが下がっているときはいつもより贅沢なランチをしてみたり、仕事の山が一段落したら好きなお酒や嗜好品を楽しむなど、身近な食でテンションを上げたり変化をつけることが上手です。また、嗜好がはっきりしていたり、自分なりのこだわりがある方が多いのも特徴です。

適度に外食を楽しむことは、健康度を高めます。外食をすると、自然と食材のバリエーションが広がり、栄養バランスも整います。普段自宅でシンプルな食事が多い方は、**週に最低2回は、普段食べない食材や料理などを外食で楽しみましょう。**

逆に、普段外食が多い方は、朝食やランチなどにおにぎりとみそ汁のような、シンプルなお食事を増やすように工夫してみてください。

健康長寿の方の特徴として、**「お出かけ好き」**であることがわかっています。このような方の多くは、行動範囲が広く活動的で好奇心旺盛です。出かけたり、人との交流の場には、外食の機会が増えます。**「旅行に行って、おいしいものを食べたい」という欲求は、何よりも老化防止に役立っているのかもしれません。**

DAY 23 食改善ミッション

上手に外食を取り入れる。楽しくて好奇心を刺激する食事が健康度を上げる。

DAY 24

パフォーマンスを上げるためのタイムマネジメント

▼「食」は効率の良い自己投資

太らない
イライラしない
疲れない
やる気アップ
集中力アップ

一番の贅沢は、「時間」をかけること

ビジネスパーソンのなかには、釣りやゴルフなど趣味にお金と時間を費やす方も多いと思います。一方で、「自分は他人に自慢できるような趣味をもっていない」と言う方もいるでしょう。

そんな方は、食べることを趣味にしてはいかがでしょうか？

といっても、食べ歩きを楽しむわけではなく、**毎日口にするごはんやみそ汁をよりおい**

しく食べるために「投資」するのです。

私たちの体は食べたものだけでつくられています。食事は自分自身をつくる材料を取り入れる作業ともいえます。この作業を丁寧に行なうことが、自分を大切にすることになります。つまり、**よく噛んでゆっくり、味わって食べることを楽しむ**ということです。

どんなにいい内容の食事でも、短時間で一気に搔き込むように食べるなど、食べるのが雑な人は、残念ながら後からそのツケはやってきます。

食事をよく噛んで食べると時間がかかります。忙しいビジネスマンにとって、ここが課題になるかもしれません。丁寧に食べるための時間を生み出すことが必要です。

それを前提とした時間管理をする発想に変えましょう。

「食事をするのも仕事のうち」と考え、スケジュールに組み込んでください。

朝ごはんを食べるために起きる時間を逆算したり、ランチをしっかり食べるための仕事の設計やアポイントの調整を工夫しましょう。**健康の観点から食事を考えたときに、お金をかけるよりも時間をかける**ことが贅沢であり、効果的です。

食べるものや食環境を変えると、毎日の食事もより楽しめるようになります。それを誰かに語れるようになれば、立派な趣味といえます。自分なりのこだわりをぜひ、見つけて積極的に投資してみてください。

ごはん中心の食事はコストパフォーマンスがいい

ごはんとみそ汁中心の食事のメリットは、健康面だけではありません。じつは、**食費がかなり安くなるコストパフォーマンスに優れた食スタイル**なのです。

食費のほとんどは、おかずにお金がかかっています。**おかずを半分にしたら、食費も半分になります。**

その分、ごはんを増やすので、米代は増えますが、食材費としてお米は安いので、それほど食費を上げません。その結果、かなりのコスト削減になります。

1カ月あたりにすると軽く数万円の節約になるケースも多く、この差は大きいと思います。

浮いた食費の活用法について、ご提案です。

まず、**お米と味噌の質にこだわりましょう。**いままでよりも高いものを選んでみてください。毎日食べるごはんとみそ汁が格段においしくなると、幸せを感じます。

できるビジネスパーソンは数より質を重視。品数はシンプルかもしれませんが、一つひとつが質のいいものを組み合わせる**「シンプルリッチ」**をめざしましょう。

最近はお米の銘柄が増え、選択肢も豊富です。**銘柄や栽培方法にこだわってお米のグレードを上げたり、レアなお米を試してみる。**あるいは、**炊き方にこだわってみる**のもいいですね。

味噌なら、具との相性に応じて違うタイプを使い分けてみてはどうでしょう。**原材料なら大豆や米、麦。産地なら、仙台、長野、京都など、組み合わせは無限にあります。**

シンプルな食材で品数も多くないけれど、そのぶん、**一つひとつの食材や調味料の質にこだわることで、より味わい深く、栄養価も高いリッチな食事**になります。

たとえば、**野菜は、旬の野菜をしっかり選び、鮮度の良い状態で食べる。**野菜は収穫して時間がたつと、栄養価や抗酸化力などが落ちていきます。また、**夏には体を冷やす、冬には体を温めるなど、野菜は季節の環境に合わせる力をもっているので体調を整えるのにも効果的**です。

醤油やみりん、**酢**なども製法にこだわったものを使うと、旨味があって深い味わいになるため、余計な調味料が必要なくなります。

たくさんの種類を食べるよりも、鮮度・質を重視したシンプルリッチの食事を楽しみましょう。

DAY 24　**食改善ミッション**

食卓の「構造改革」に取り組む。浮いた食費で、ちょっといい食材にグレードアップしてみる。

DAY 25

食べることは自分と向き合うこと

▼マインドフルネスを食事にも取り入れる

太らない
イライラしない
疲れない
やる気アップ
集中力アップ

調理の段取り、時間配分を変えてみる

食事に十分な時間を割くことは、贅沢で価値のある「投資」です。

そうはいっても、日々仕事に追われ忙しいビジネスパーソンにとって「時は金なり」。「自炊する余裕なんてとてもない！」という方が大半ではないでしょうか。

シンプルなメニューで作る時間は短縮して、食べる時間を増やしてほしいです。

図20　鍋・フライパンでごはんを炊く方法

分量：お米1合あたり水200〜220ml（1カップ強）

まとめて炊いて、
1食分ずつ小分け
冷凍すると便利！

1. お米を洗い（無洗米でもOK）、水を加えて30分おく（省略OK、事前に浸けておくとよい）
2. フタをして「中強火」で沸騰するまで加熱。沸騰したら「弱火」にして10〜12分

このあいだにみそ汁とおかずを作る

3. 火を止めて5〜10分蒸らし、ごはんをほぐす

ごはんとみそ汁くらいは自炊できるといいですね。

ごはんは炊飯器ではなくお鍋を使ったほうが早く炊けます。最近は、電子レンジ専用の炊飯器もあり、簡単に炊けます。

時間にして15〜20分程度です。

ごはんを炊いているあいだに、みそ汁用にお湯を沸かしながら、野菜を切って鍋に入れ、ダシ粉と味噌を入れるだけ。これなら、みそ汁は10分程度でき上がります。あとは、さっと炒め物を作ったり、肉や魚を焼いたら、20分ぐらいで夕食が完成します。または、おかずの一品は出来合いのものでもOKです。

朝からみそ汁を作るのが大変な場合は、夜

に多めに作り、朝は温めなおしでＯＫ。

食事中はテレビやスマホをオフに

いま、一人で食事を済ませてしまう**「孤食」**が増えています。「ぼっち飯」「おひとりさま」とも言われているようです。

孤食の弊害は多々あります。

- **楽しくない**
- **味覚が鈍くなる、味を感じにくくなる**
- **胃腸の働きが悪くなり、消化吸収率が悪くなる**
- **ラクに、簡単に食べられるコンビニ飯や外食が増えて栄養が偏る**
- **会話がないため、自ずと早食いになる**
- **食事を抜くことが増える**

こんな食事が増えると、体の感覚が鈍くなり、ちょっとした不調が現れやすくなります。ライフスタイルが多様化し、家族であっても生活時間がそれぞれ違います。なかには、一人暮らしや単身赴任などでやむをえず、孤食になるケースもあり、こうしたライフスタイルを一様に否定するわけではありません。一人で食べるシーンが増えるのはやむをえないでしょう。

そんなときは、**五感を働かせて食事をする**ことを意識してみてください。

まず、**意識を食べ物に向けるため、テレビやスマホをオフにし、仕事の資料なども目につかないようにします。**食べ始める前に見た目や香りを感じ、口に入れたらよく嚙んで味わいます。一口ずつ丁寧に食べるにつれて、おなかが満たされていくのを感じましょう。

普段、忙しいと自分自身の感覚を振り返ったり、じっくりと感じるということが少ないと思います。この五感を意識した食事は、**マインドフルな（意識を集中した）食べ方**で、ストレスオフにつながります。

また、いままで以上に**友人、恋人、家族など大事な人との食事の時間を大切にしてみて**

くださ い。リラックスした状態で食事をすると、唾液の分泌が促進されます。胃腸の働きも良くなるため、消化吸収がアップして太りにくくなるだけでなく、自律神経や脳の活性化にもつながります。

長期的な健康度に大きく影響する要素が **「人とのつながり」** です。友達がいない、家族がいない、結婚していない、など他人との交流が少ない孤独な人は、寿命が短いことがわかっています。**家族と同居していても一人で食事をとる「孤食」が多い人は健康寿命が短くなる**というデータが出ています。

DAY 25 **食改善ミッション**

自分の感覚を大切にした食事をする。
大事な人とゆっくり時間をかけて食べてみよう。

DAY 26

間食は賢くとってパフォーマンスを上げる

▼体が甘いものを欲しがらなくなる

太らない
イライラしない
疲れない
やる気アップ
集中力アップ

甘いものへの欲求は、エネルギー不足のサイン

夕方や夜など、無性に甘いものが欲しくなる時間帯がありませんか？
また、ちょっとだけつまむつもりのおやつが止まらなくなり、つい食べ過ぎてしまうという方は、体内でエネルギー不足が起こっているかもしれません。

私たちの体のエネルギー源は主に糖質です。

食事で必要な量がとれて満たされていると体は余計に欲しがらないため、甘いものへの欲求が湧かなくなります。**ごはんをしっかり食べると、体が甘いものを求めなくなります。**

もし、まだ欲求がなくならない場合は、ごはんの量が足りないか、そしゃくが足りなくて脳が認識できていない可能性があります。そんなときは、ごはんの量を少し増やすことと、良く噛むことをやってみてください。

それでも、活動が多くてエネルギーの消費が多くなった日やストレスが強い日などは、甘いものを欲することがあります。そんなときは、体の声に従って食べましょう。

少し疲れを感じたのなら、むしろ食べたいものを口にして脳を休ませてあげましょう。罪悪感をもたずに、幸せを噛みしめながら食べてください。

また、**ここまで、ごはん中心の食事を継続してきた方なら、甘いものを少しくらい食べても血糖値が上がり過ぎることはありません。**私たちの体は環境に対する適応力があり、日常的に与えられるものに対して処理能力が上がるからです。

糖質制限をすると、糖質に対する処理能力が衰えます。そこにちょっとだけと甘いものを食べると、うまく処理しきれず血糖値が上がってしまいます。

だから、日常的にごはんを食べている人ほど、血糖値が安定しやすくなります。ごはんをたくさん食べていた時代のほうが糖尿病が少ないのです。

つまり、**ごはん中心の食生活をすると、安心してスイーツも楽しめる**わけです。

もし、甘いものを食べるときには、「本当に食べたいと思うもの」を食べましょう。ケーキやチョコレートなど、**カロリーオフや糖質カットなどを謳《うた》っていないほうがよい**ですね。たとえば、アイスクリームの場合、ローカロリーを謳っているヘルシーイメージで安価なアイスは、普通のものより添加物や人工甘味料が多く含まれています。

基本的に食事はしっかり食べること。胃が重量感を感知し、血糖値が徐々に上昇すると、満腹中枢が働き、食欲が抑えられます。

中途半端にだらだら食べると、つねに胃の中に食べ物がある状態で、消化液が出続けるため、胃が疲弊します。血糖値も上がりっぱなしになるため、糖尿病のリスクも。

食事と食事、または食事と間食のあいだは、胃が空になり、血糖値が下がるまで最低でも4時間くらいは空けましょう。

逆に、食事と食事の間隔が空き過ぎると、脳がエネルギー切れになり、省エネスイッチが入ってしまいます。また、次に食べるものの吸収率がぐっと上がり、血糖値も急上昇しやすくなります。**寝ている時間を除いて、食事と食事の間隔が8時間以上空く場合は、間食を挟むといいでしょう。間食には、腹持ちのいいおにぎりがおすすめ**です。

DAY 26 **食改善ミッション**

終業後おなかが空いたら、お菓子ではなくおにぎりを食べる。

LESSON 6

職場で実践！ たちまち業績2倍の

「プロジェクト」食事術

DAY 27-30

GOAL IMAGE

食事は最強の働き方改革

いよいよ食事術を、個人を超えた「職場のメンバー」にまで広げます。食は、身の回りの人間関係やコミュニティに大きく関わるもの。人間関係が原因で仕事がうまくいかなくなるケースは多くあります。業績が伸びている会社は、元氣で明るい。その秘密はコミュニケーションにあり、食事のシーンに表れます。食を通じて職場環境が改善され、生産性が向上する秘訣を説明します。

DAY 27

社員の健康が業績を左右する「健康経営」の基本

▼仕事の成果を上げるために、社員の食習慣に目を向ける

太らない　イライラしない　疲れない　やる気アップ　集中力アップ

食事を通して組織全体のパフォーマンスを向上させる

いうまでもなく、メンバー一人ひとりの力がなければ、会社は成り立ちません。

これからの企業の健康経営を考えたときに、**食事と働き方との関わりは非常に大きい**といえます。ところが、忙し過ぎて食事ができないという声もあり、**朝食や昼食を抜くビジネスパーソンは２、３割**いるようです。

時間が浮いて効率的だという人もいますが、逆にこの状態を野放しにすることは、健全とはとてもいえません。

私は、もっと会社が主体となり、食を通した健康改善をきっかけに、組織全体のパフォーマンスを向上してほしいと強く願っています。

そのためには、個人の努力だけでは限界があります。**食事の習慣は、本人の意識改革と同時に職場の環境改善がポイント**になります。

私が健康管理のお手伝いをした企業では、一般的な管理栄養士が指導した場合と比べて、**5倍から10倍の改善率**という実績があります。**また、業績が2倍に伸びた企業も少なくありません。**

なぜそれほど差が出たのか。それは、「ストレスという観点も含めた食の環境作り」を提案してきたことが大きいと考えます。

そこで、LESSON6では、私が企業に向けて提案していることを中心にお伝えしていきます。

「メンタルダウンによる離職者増」は食事にも原因アリ

あなたが、会社の経営者あるいは組織を統率するマネージャークラスであれば、お聞きします。

メンバーの健康管理に普段どれだけ気を配っていますか？

ほとんどの方が、「もちろん、健康面は気にしている」と答えるはずです。ストレスチェックを実施し、部下と定期面談を行なったり、ＥＡＰ（従業員支援プログラム）を導入する会社は多くなりました。また、はっきりと疲れが出ていたり、残業が続いている社員に、上司が声を掛けて休みを取るようにすすめる光景も、最近では珍しくありません。

しかし、それでも、年々メンタルダウンする社員が増えるのは、どうしてでしょうか。

メンタル疾患による労災件数は年々増加の一途を辿り、２０１６年度のデータでは過去最多となりました（厚生労働省）。

端的にいって、目に見えにくいストレス性疲労が関係しています。それは、毎日の食事も関係しているのですが、**食生活は個人の領域とされてきたため会社や上司が把握しづらいのです。**

本書で何度もお伝えしているとおり、「毎日、何をどのように食べているか」はその人のメンタルに多大な影響を与えます。

いま一つメンバーのパフォーマンスが上がらない場合、その背景にある「心と体のストレス性疲労状態」に意識を向けてみる必要があります。そのおおもとにある原因の一つに、食生活の乱れが影響していることが多いからです。

私のサポートした企業でも、社員の食事に向き合ったことで、大きく変わった事例がたくさんあります。**食事が改善されれば、社員の顔つきが変わります。**やる気に溢れる営業マンが増え、お客さまから**「元氣があっていいいね。またこの人から買いたい」**と評価されるなどいい循環が生まれます。ある販売店では活気が生まれて現場の雰囲気が劇的に変わった結果、**売り上げが倍増**したという報告ももらいました。

もっとも、職場の人間関係が、ストレスに与える影響が大きいのも事実。その人間関係も食事で改善できたら素敵ですよね。

それぞれの社員が食事を通して、メンタルの改善に成功したら、その職場はギスギスした雰囲気が一掃されるはずです。その方法は次のDAY28以降で説明します。

DAY 27 食改善ミッション

自分の会社が、健康に気を遣っているかどうかを一度確認する。

DAY 28

元氣な組織づくりは「環境改善」と「働き方改革」から

▼個人の意識ではなく、働く環境の問題と捉える

太らない
イライラしない
疲れない
やる気アップ
集中力アップ

チームで取り組むのが効果的な「元氣化プロジェクト」

DAY28では、組織改革をめざした「元氣化プロジェクト」についてお伝えします。

これまで多くの企業のお手伝いをしてきて実感しているのは、社員一人ひとりにカウンセリングなどで食のアドバイスをするだけでは成果が出にくいということです。

その理由は、個人の意志と努力だけでは続かない人が多いこと、そして、食環境や周囲の影響など関わる要素が多いからです。

食事の選択は環境次第です。**食堂や外食のメニュー、社内の置き菓子、周りの人の食行動などは環境にあたります。**仕事のストレス、昼休みや残業の状況などの働き方、飲み会の誘いなどは、周囲から受ける影響です。

そして、一般的には、40代以上のメタボの人が対象にされますが、若者や健康診断に異常がない人でも、体調不良や心の問題を抱えている人が多いため、健康度を基準にするのではなく、「疲れない」「元氣さ」をテーマにチームで取り組むことを提案しています。

早速、あなたの職場でも「元氣化プロジェクト」に取り組んでみましょう。

1.「何のためにやるのか？」「ゴールは何か？」をチームで共有する

「○○を成功させるため」「楽しく働くため」「働きたい会社といわれるため」など、チームや組織としての目的がいいですね。

「今期の売り上げ目標達成」「体調不良による欠勤を○割減らす」など評価しやすい指標と共にゴールを設定しましょう。体重の増減や健康診断の数値ではない指標を意識すると、メンバーが前向きに取り組むことができ、盛り上がります。

2.「食環境」と「食行動」の改善テーマをリストアップする

1で決めたゴールイメージをもとに、毎月、チームで取り組める改善テーマを決めてください。たとえば、**「3食ごはんを食べる」「朝食をしっかり食べる」「おすすめのランチを探す」**など、できるだけ具体的で取り組みやすいことにしましょう。本書で述べたことを実践するのもOKです。

3.リーダーを決め、定期的に報告し合う

社内のツールまたはスマートフォンのSNS機能などを使って、行動の状況を報告し合い、お互いに応援や承認のコメントを入れます。**最低でも週に1度は全員が報告をあげ、月に1度くらい、顔を合わせて報告し成果を確認する場をつくりましょう。**

4.2の改善リストを減らすべく、改善テーマを毎月変えてレベルアップ

2で決めた改善テーマは、デスクや壁に目標を貼り付けて、皆がすぐに確認できるようにしましょう。多少面倒でも、**リーダーはメンバーが行動できているか、どんな変**

化が起きているかを定期的に確認するようにしてください。

「体重を○kg減らす」「血糖値を減らす」といった目標設定は×

チームで成果を上げるためのポイントは、結果ではなく行動プロセスを評価することです。業績を上げているチームのリーダーは、結果でなく、そこに至る行動をチェックして、その行動を承認するとともに、できていないことはさりげなくサポートしています。

ポイントは、体重や血糖値など数値の改善を目標にしないことです。

多くの管理栄養士も少なからず、体重や検査の結果を改善させることをゴールにしますが、これは相手にストレスを与えるだけで、長続きしません。結果の出方は人によって違います。それに、正しい行動を諦めずに続けていれば、必ず成果が出ます。これは仕事と同じ考え方ではないでしょうか。

一例を挙げると、朝ごはんを食べている部下に、**「おお、やってるな。俺も負けないよ**

うに朝食を食べるぞ」、朝ごはんを抜いている部下には、「駅前におにぎり屋があるぞ。出勤前に寄ってみたらどうだ？」と声を掛けるといったかたちです。

誰しも自分のとった行動を認められると嬉しいはず。**たとえ結果は出てなくても、行動したらそれをきちんと承認する。これが、行動を継続させるコミュニケーションです。**

周囲の人の振る舞いや、仕事の結果に対して、ネガティブな側面ではなく、良い面にスポットを当てられる人は、周りからも信頼され、自然と成果を上げていきます。

チームのメンバーがそのようなコミュニケーションを取るようになると、ストレスが減り、業務全体が良い流れになり、業績も向上してくるでしょう。

「健康経営」は、健康管理部門と健康診断に異常があった一部の人が取り組むだけではもったいない！

組織全体として、働きやすい環境に変え、心と体が元気で幸せな社員を増やすことで、結果的に離職率低下や人材採用にまでよい影響があり、企業の発展につながるのだと思います。

DAY 28

食改善ミッション

自分の職場で、「元氣化プロジェクト」を立ち上げてみる。

DAY 28

DAY 29 週に1度のパワーランチが、「チーム力」を底上げする

▼仕事も、食事も人間関係が重要

[太らない　イライラしない　疲れない　やる気アップ　集中力アップ]

社員食堂のある会社はなぜ、トラブルが少ないのか

みなさんは普段、ランチは誰と過ごしていますか？
先輩や後輩、同期のメンバーでしょうか？

サポート先の企業を訪れると、時々、こんな光景を目にします。

・デスクで、仕事の書類やパソコンを見ながら食事をする社員
・スマホで動画を観ながら黙々とカップラーメンを口にする社員
・一緒のテーブルで食べているものの、お互い顔を合わせず、まったく会話をしないグループ

同じ会社で働いていながら、ランチ時には心が離れ離れになった状態になる――。何だか哀しくないですか。

一方で、**ヤフーやグーグルのように立派な社員食堂がある会社は、ランチの時間に限らず社員が集まり、いつも賑《にぎ》わっています。**心なしか社員の表情も明るく見えます。

会社にわざわざ食堂を設置する目的は、たんに社員の健康管理や福利厚生のためだけではありません。

社員同士のコミュニケーションを活性化することで何らかのメリットに期待しているからです。

では、**社員のコミュニケーション量が増えるとどんなメリットがあるのでしょうか。**

一つには、普段から会話が多い組織の特徴として、トラブルが少なく、仮に不測の事態が起きてもその対応が素早いことが挙げられます。

普段から食事を通して上司や部下と話す習慣があれば、何か起きても、慌てることなく、すぐに相談することができるからでしょう。

一方、「安心感」のない組織に身を置いていると、都合の悪いことは隠すようになります。トラブルの処理を後回しにすればするほど、大ごとになるのは、ご承知のとおりです。

また、**共通の話題（業務以外の会話）ができると、組織内に柔軟性が生まれ融通が利きやすくなり、仕事の進捗スピードが向上します。**

もちろん食堂がなくても、簡単な取り組みで、社員間のコミュニケーションの量を増やすことは可能です。

チーム全員でランチをするのです。一気に**仕事の効率が上がり、モチベーションも高まる「パワーランチ」は効果的です。**

「同じ釜の飯を食う」と絆《きずな》が深まるものです。みなさんも、今日から、チームのメンバーと一緒に昼食を食べてみましょう。

そうはいっても、仕事量はそれぞれ異なります。なかなかチームのメンバーが一緒になってランチをするのは、難しいかもしれません。そこでまず、月1回、パワーランチの日を決めてはいかがでしょうか。

職場の環境は、緊張感があって交感神経を刺激するため、**パワーランチでは場所を変えてリラックスできる場所で食べましょう。**慣れてきたころに、隔週、毎週と徐々にサイクルを短くしてみてください。

交感神経が高まりやすい昼間の食事は、ストレスを減退させる役割もあります。ぜひ、効果的に取り入れてください。

食事に関する話題なら緊張しない

では、ランチのときは、何を話せばいいでしょう。

DAY 29

図21 「パワーランチ」が仕事の明暗を分ける

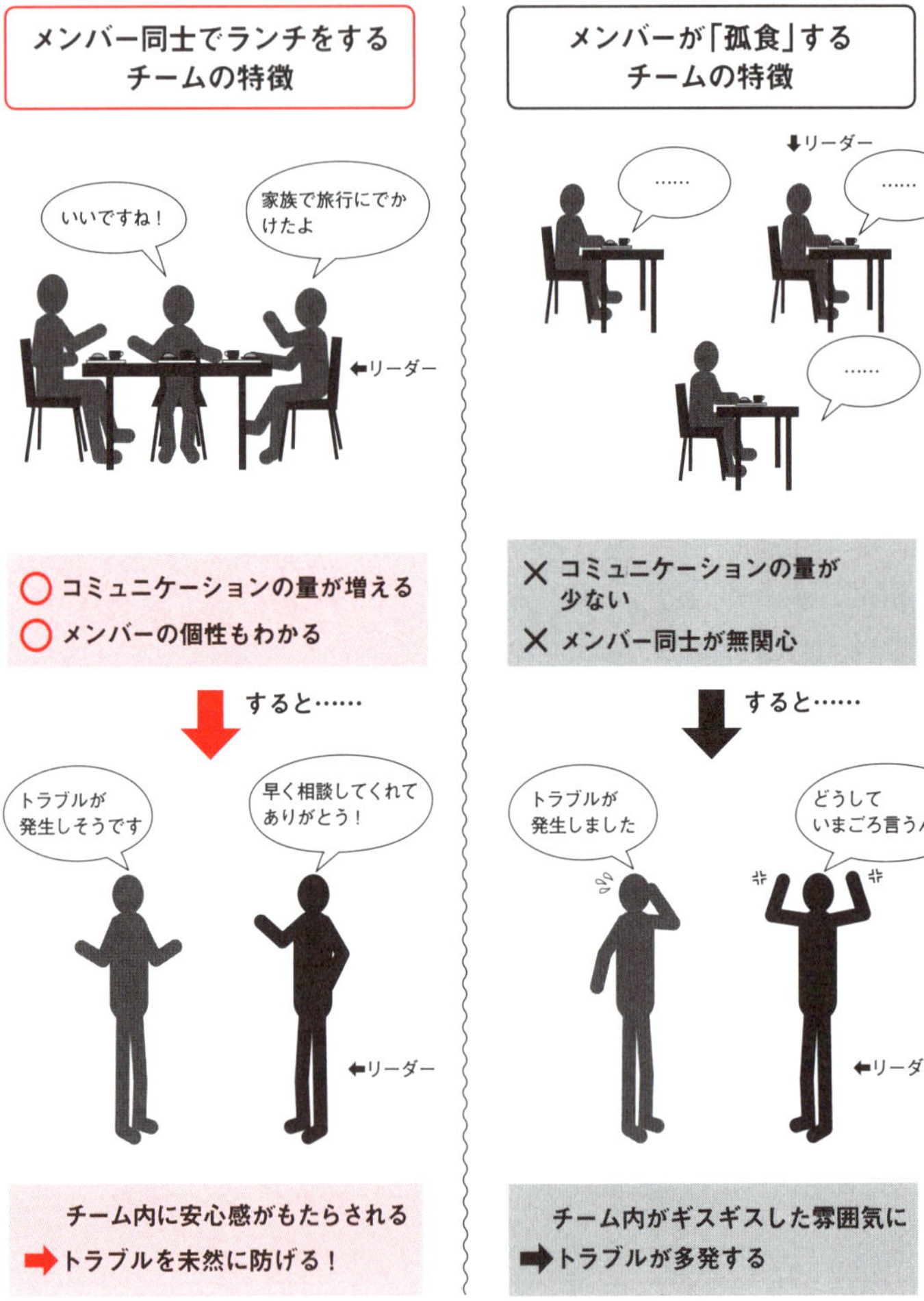

厳密に決める必要はありませんが、**仕事の話、政治や経済など難しい話題、誰かの悪口など不快になる話題は避けてください。**ふとした一言が、ストレスを引き起こし、せっかくの食事が台無しになります。

そこで最初は**「食事」の話から入ると、緊張感がなくリラックスした状態で、食事を楽しめます。**

「普段、自炊しているの？」
「みそ汁つくるなら、どんな具材がおすすめかな？」
「最近、○○という料理が流行っているらしいよ」

あなたがリーダーの立場なら、こうした質問を投げかけると、メンバーが緊張せずに会話をしやすい状態がつくれます。

「食」はプライベートな情報ですが、比較的、他人に話しやすく、深い会話をするための、〝導入〟として打ってつけの話題です。

最初は当然、気まずさもあると思います。普段話さないメンバー同士なら、なおさらでしょう。その場合は、会話がしやすいお店に行きましょう。たとえば、**目の前で調理される鉄板焼きの店に行くとか、食の好みが把握できるバイキング**なら、みんながワクワクしたり、楽しい気分になれます。

DAY 29 食改善ミッション

チームのメンバーを誘って、パワーランチを開催する。

DAY 30

将来の自分を描ければ、何をどう食べるかがわかる

▼普段の食事にハリが生まれる

太らない
イライラしない
疲れない
やる気アップ
集中力アップ

ワクワクできる目標をもつ

ここまで、ビジネスパーソンが、何をどう食べればいいかを具体的に述べてきました。

当たり前のことですが、結婚して家庭をもったり、職場環境が変われば、いまの食生活にも変化が生じるはずです。

そこでぜひ、**「自分は、どう生きるか」をいまのうちから考えてみてください。**

「80歳まで元氣に働くんだ」という目標をもつのもよし。定年後は、夫婦で世界一周旅行

に出掛けるといった素敵な夢を抱くのもいいでしょう。

このとき、将来病気になりたくない、とか、寝たきりにならないように、と悪い状態をイメージしないことです。

大事なのは、**「これをするんだ」と考えたときに自分がワクワクする目標をもつこと。**

もう一つは、そのイメージをつねに頭に浮かべておくことです、
すると、普段の「食」にもハリが生まれます。

DAY1から述べてきたとおり、これからの自分の体をつくるのは、いま、あなたが口にしているものにほかなりません。もしあなたが、10年先もパワフルに仕事をしたい、と思っているなら、「糖質制限」や「断食」を選択するべきではないでしょう。

代謝機能が正常な時期に食事量を減らすことは、自分から老化を早めているようなものです。一度食べられなくなると、食べる力を取り戻すのは大変で、60代以降に一気に衰えてしまうケースがあります。若いうちから、食べる力を落とさないようにしましょう。

そのためには、つねに、頭に「自分はこうなっていたい」というイメージを強く描いている必要があります。そして、**そのイメージを、チームのメンバーとも共有してみましょう。**家族や、気の合う友人でも構いません。

人間は弱い生き物です。現状よりラクなほうへ、簡単に流されていきます。**自分の意思を強くもち続けるには、仲間の存在が大きな力になります。きっと理想の姿に近づけるように、あなたをサポートしてくれるでしょう。**

今日がレッスン最終日です。

最後のアドバイスをすると、**決して無理をしないこと**。ちょっとしたストレスが長期化・習慣化されれば、病気になります。それほど習慣化は恐ろしいのです。レッスンを終えても、自分のペースで日々の食事を楽しんでください。

１カ月間、本当にお疲れさまでした！

DAY 30 食改善ミッション

「10年後になりたい自分」を想像して誰かに話す。

DAY 16	油の鮮度をつねにチェック。揚げ物は、安い店で食べない。
DAY 17	野菜は生野菜以外を意識して増やす。 みそ汁にたっぷり入れるのが正解。
DAY 18	あなたが40歳以上なら、すぐに体質改善に努める。
DAY 19	食事は運動だと心得る。体内をしっかりと動かし、 熱の生まれる食事をする。
DAY 20	通勤のエクササイズ化は可能。 体にいいことをしているという意識をもって行なうこと。
DAY 21	早食いは今日からやめる。 時間を計って1食20分以上かけて食べる。
DAY 22	サプリメントはリスクも伴うので注意。栄養不足のリスクをあおる情報に不安にならないこと。 サイズや体型の変化に意識を向けよう。体重計に乗らずに、自分の体の力を信じよう。
DAY 23	上手に外食を取り入れる。 楽しくて好奇心を刺激する食事が健康度を上げる。
DAY 24	食事の「構造改革」に取り組む。 浮いた食費で、ちょっといい食材にグレードアップしてみる。
DAY 25	自分の感覚を大切にした食事をする。 大事な人とゆっくり時間をかけて食べてみよう。
DAY 26	終業後おなかが空いたら、お菓子ではなくおにぎりを食べる。
DAY 27	自分の会社が、健康に気を遣っているかどうかを一度確認する。
DAY 28	自分の職場で、「元氣化プロジェクト」を立ち上げてみる。
DAY 29	チームのメンバーを誘って、パワーランチを開催する。
DAY 30	「10年後になりたい自分」を想像して誰かに話す。

1ヵ月で大変身!

「食改善ミッション」一覧

DAY 1	「30日後になりたい自分」を設定する。 そして、その姿をワクワク想像しながら食事をする。
DAY 2	朝起きた後はもちろん、夜寝る前でも、ごはんを欠かさず食べる。
DAY 3	「食べたい!」と思ったら、ガマンしないで食べる。
DAY 4	「○○を食べてはいけない」という食情報をシャットアウトして、 原理原則に基づいたシンプルなことをブレずに続ける。
DAY 5	なりたい自分を想像しながら、 「おいしい!」と声に出して食事をする。
DAY 6	何かを制限するネガティブな意識から、 食べる楽しみを増やすポジティブな食事法に切り替える。
DAY 7	糖質制限はリスクだらけ。 健康寿命を延ばす観点から「お米」を積極的に摂取する。
DAY 8	カロリー表記を気にせず、ごはんを食べる。
DAY 9	パン、麺類よりも、ごはん中心の食事に変えてみる。
DAY 10	「1週間チャレンジ」1日3食ごはんとみそ汁をよく嚙んで食べる。 ごはんを増やした分、おかずを減らす。
DAY 11	国産の新鮮な雑穀を入れてごはんを炊いてみる。
DAY 12	毎食のごはんに具だくさんみそ汁を加える。おかずは1品（少な目） でOK!
DAY 13	朝、出勤前に牛丼屋で定食を食べるか、おにぎり屋に寄る。 夜こそ、ごはんとみそ汁を食べる。
DAY 14	ランチに定食屋を利用してみる。 その際に、ごはんは大盛り&五穀米にチェンジする。
DAY 15	飲んだらごはんとみそ汁でシメる。食べ過ぎたときも次の食事は ごはんとみそ汁でリセット。

おわりに

日本は長寿大国といわれてきました。しかし、本書で述べてきたとおり、「100歳で元氣な高齢者」が今後も増えるかというと、首を傾げざるをえません。

「人生100年時代」と言われるように、これからますます、老後をいかに元氣で楽しく過ごせるかということが議論されるでしょう。

その際、メディアで紹介される健康法を実践すれば、必ずしも長生きできるわけではありません。よりいっそう、正確に情報を見極める目をもつことが求められます。

本書では、30日のレッスン形式で、私が考える「ビジネスパーソンに向けた食事法」をお伝えしてきました。「ノウハウ」はすべて本書に詰まっています。

しかし大事なのは、楽しく実践し、継続することです。

アントニオ猪木さんの名言「**元氣があれば何でもできる**」

これはまさに、本書のテーマでもあり、みなさんに到達してほしいゴールです。ぜひ、100歳になっても働ける、または好きなときに好きな場所に旅行に出掛けられるような「**人生を楽しめる心と体**」をつくりあげてください。

そのためには、「本来の体の機能をいかにキープするか」という視点を忘れずに。

でも、特別なことは何一つ必要はなく、「ごはんとみそ汁をきちんと食べる」というごく普通のことをコツコツと続けるだけでいいのです。日常の活動が体の機能を維持してくれると知ったら、安心できますよね。

健康不安を煽って、さまざまな商品がPRされる現代は、何もしないと健康でいられないような感覚に陥りがちです。現場で多くの方を見てきて感じるのは、健康オタクな人ほど不健康であるという残念な事実です。

ビジネスパーソンが「食」に対する意識を高め、毎日の食を通じて元氣になったら、日本社会の活性化になるばかりか、先進国に共通の健康問題に対しても日本の食文化で貢献できる可能性があると思います。

日本人の先人たちが作り上げてくれた、日本の食文化は本当に素晴らしいものです。この豊かな日本に生まれたことを感謝し、安心しておいしくごはんを食べることが未来を創ります。

本書では繰り返し、ごはんを推しています。

その背景にあるのは、自分の現場経験です。20年以上、さまざまな業界を渡り歩き、妊婦さんからこども、高齢者まで、4万人以上の食サポートを分析したところ、どの世代の人でも、「**主食の食べ方を変える**」ことが一番体への影響が大きかったからです。

さらに、各分野の権威の先生方からいただいたエビデンスや知見が裏付けとなり、理論が確立しました。

一般社団法人日本健康食育協会の会長である寺下医学事務所・寺下謙三クリニックの寺下謙三先生（医師、医学博士）には長年にわたりご指導いただいております。

また、多くのエビデンスや学術的知見を提供してくださる理事の森谷敏夫先生（京都大学名誉教授）、顧問の宮本正一先生（医学博士、医療・健康問題研究所脳科学センター所長）、社団法人立ち上げ期に理事をしてくださった星旦二先生（医師、医学博士、首都大学東京名誉教授）はじめ、多くの先生方の支えなくしてはいまがありません。

私のいちばんの興味は、目の前の悩む人に寄り添い、その人が元氣で笑顔になるサポートをすることです。13年前にスタートした健康と食の専門家「健康食育シニアマスター」の育成事業を通じ、全国に仲間が増えました。現在は、チームで健康経営に取り組んでいます。

最後に、初めてビジネスパーソン向けの本を執筆するにあたり、つねに的確なアドバイスをくださったPHP研究所の大隅元さん。そして、いつも温かくサポートしてくれる協会スタッフ、ビジネスパートナーの方々、家族、友人たちに心より感謝いたします。

柏原　ゆきよ

〈著者略歴〉

柏原ゆきよ（かしわばら・ゆきよ）

(一社)日本健康食育協会代表理事、管理栄養士。
(一社)食アスリート協会、(一社)日本こども成育協会、(一社)ストレスオフ・アライアンスなど複数団体の役職を兼任。

◎企業の健康管理室、健康保険組合、医療機関、介護施設、アスリートやモデルなど4万人以上の食サポートの経験を通じて「疲れない食事」メソッドを開発。
◎全国およびNYなどでの講演は2,000回を超え、経営者をはじめビジネスパーソンのパフォーマンスを上げる食提案に定評がある。
◎健康と食の専門家「健康食育シニアマスター」を全国で育成し、健康経営を軸とした企業ブランディングのプロジェクトを複数推進している。
◎2008年より定食屋チェーン大戸屋での食育プロジェクトにて業績アップに貢献。
◎著書に『お腹からやせる食べかた』(講談社)、『10日間で人生が変わる食べ方』(学研プラス)などがある。
柏原ゆきよ公式メルマガ、YouTube「ゆきよチャンネル」も好評配信中。

疲れない体をつくる疲れない食事

2019年1月16日　第1版第1刷発行

著　者　柏原ゆきよ
発行者　後藤淳一
発行所　株式会社PHP研究所
東京本部　〒135-8137　江東区豊洲5-6-52
第二制作部ビジネス出版課　☎03-3520-9619(編集)
普及部　☎03-3520-9630(販売)
京都本部　〒601-8411　京都市南区西九条北ノ内町11
PHP INTERFACE　https://www.php.co.jp/

組　版　有限会社エヴリ・シンク
印刷所　大日本印刷株式会社
製本所　東京美術紙工協業組合

 ISBN978-4-569-84194-6